BURGER OF THE DAY

BOB'S BURGERS

BURGER BUCH

DIE BESTEN REZEPTE DER KULTSERIE

LOREN BOUCHARD
UND DIE AUTOREN VON BOB'S BURGERS

REZEPTE VON COLE BOWDEN

HEEL

BURGER DES TAGES

ANMERKUNG ZUR DEUTSCHEN FASSUNG:
Viele der Wortspiele, auf denen Bobs Burger-Namen basieren, erschließen sich dem Leser außerhalb des US-amerikanischen Kulturkreises nicht ohne weiteres. Diese Burger wurden für die deutsche Ausgabe umbenannt. Bobs Original-Namensschöpfungen sind jedoch jeweils am Fuß der Seite aufgeführt.

DER LANGE WEG VOM BURGER DES TAGES ZUM KOCHBUCH

Als wir beschlossen, dass hinter dem Tresen von Bob's Burgers eine Tafel mit dem Burger des Tages hängen würde, wollten wir vor allem, dass ihr denkt: „Armer Bob – es ist für seine freche neunjährige Tochter so einfach, hier hochzuklettern und den Namen der Burger in etwas Ungenießbares zu ändern!" So landete *Der Kinderschänder (kommt mit Bonbons)* in unserer Pilotfolge. (Und so nebenbei, wir sind nicht wirklich *stolz* auf diesen Witz. Das ist nicht die Art von Burger-Witz, den man auf ein T-Shirt drucken möchte.)

Aber dann haben wir uns vom „Burger als Streich" schnell verabschiedet. Und das hat nichts damit zu tun, dass wir dafür doppelt so viele Burger-Wortspiele pro Folge gebraucht hätten. Rein gar nichts. Stattdessen bot die Burger-des-Tages-Tafel von da an Einblicke in Bobs Innenleben, in die Befindlichkeiten des unermüdlichen Erfinders neuer Geschmacksrichtungen und schlechter Wortspiele. Wir stellten uns vor, wie sich dieser ambitionierte Grillkoch Tag für Tag vornimmt, einen neuen Spezial-Burger mit einem albernen Namen zu erschaffen. Diese Namen, die vereinzelt clever, meist aber sehr bemüht sind und typischerweise mit dem zusammenhängen, was gerade in seinem Leben passiert, sollten nicht bloß der unabhängige Hintergrund-Gag einer Zeichentrickserie sein. Vielmehr sollten sie – und sorry, das klingt jetzt widerlich pompös – ein Ausdruck dessen sein, was in diesen Charakteren vor sich geht (ich hab euch ja gewarnt), und uns vor Augen führen, dass dieser kleine, fettige Familienbetrieb ein größeres gastronomisches Abenteuer ist, als man erwarten würde. Dass der verschwitzt-fettige Bob ein Rinderhack-Artist ist, der an seinem Grill wie ein exzentrischer, von der Muse getriebener Künstler nach Burger-Perfektion strebt, und dass seine Burger – unabhängig davon, dass sein Laden leider mies läuft – im Ruf stehen, *wirklich* gut zu sein.

Aber sind sie das auch? Ich meine, wären sie gut, wenn es sie wirklich gäbe? Es sind Gags, Wortspiele, die Autoren unter Zeitdruck produzieren. Würde man sie tatsächlich zubereiten, wären sie dann überhaupt genießbar, von *gut* mal ganz zu schweigen? Wir haben alle verworfen, die sich nur nach Gags und nicht mehr nach Burger anhören, wie *America's Toast Wanted Burger (auf getoastetem Bun)* oder jene, die gut klingen, deren Namen aber – selbst abgesehen vom „Kinderschänder" – zu fies oder auch zu schlüpfrig sind. Mit anderen Worten, wir haben versucht, wohlschmeckende Burger zu unseren halbwegs geschmackvollen Wortspielen zu entwickeln. Aber tatsächlich konnten wir nur *hoffen*, dass sie im wahren Leben auch schmecken würden.

Doch dann tauchte da ein Blog auf – ein wunderbarer Fan-Burger-Blog mit dem Titel *The Bob's Burgers Experiment*. Ein unerschrockener junger Mann namens Cole Bowden bereitete jeden einzelnen Burger, der auf unserer Tafel auftauchte, auch tatsächlich zu, und er schrieb darüber. Es war, als hätten wir ihn uns herbeigeträumt, aus der Wildnis der Blogosphäre herbeigezaubert, um unseren wilden Burger-Kreationen einen Anstrich von Seriosität zu verleihen.

Alle, die an der Serie arbeiten oder ihm folgten, waren von Coles kulinarischen Ambitionen fasziniert, und von seiner Chuzpe und seinem Arbeitseifer könnte sich jeder noch eine Scheibe abschneiden. Doch wenn man seine Rezepte liest, wird schnell klar, dass er vor allem *Phantasie* auf den Teller bringt. Cole begegnet jedem Burger des Tages wie ein furchtloser Interpret, wie ein Jazz-Musiker, der zu einer Melodie improvisiert. Er ist so etwas wie ein kulinarischer Miles Davis, nur dass Miles Davis keinen Blog hatte. Hat er vielleicht in seinem Eifer Aromen kombiniert, die sich auf dem Teller normalerweise als Gegner gegenüberstehen? Natürlich. Dem widerspricht er auch gar nicht. Er ist ein leidenschaftlicher Amateur, ein Pionier, der seine Theorien in die Praxis umsetzt und darüber berichtet. Also haben wir zu dem Zweck, das bestmögliche Kochbuch daraus zu machen, zwei professionelle Köche – Aliza Miner aus Los Angeles und Paul O'Connell aus Boston – gebeten, Coles Rezepte zu lesen und uns zu beraten. Diese beiden erfahrenen Köche übernahmen die Rolle kulinarischer älterer Geschwister, sie durchforsteten die Rezepte; sie pufften und knufften sie, nahmen sie in den Schwitzkasten und ließen nicht locker, bis sie ihr volles Potenzial entfalteten.

Wir möchten, dass du diese Burger ausprobierst. Wir möchten, dass du diese Burger variierst und mit ihnen spielst. Wir möchten, dass du dich mit den Burgern anfreundest und dir ein Leben mit ihnen aufbaust. Es gibt viele (auch Profis, die es eigentlich besser wissen sollten), die dir einreden wollen, Burger müssten „klassisch" sein. Doch diese Ansicht ist gefährlich konservativ. Hör nicht auf sie! Wie hätten wir sonst jemals den einfachsten Cheeseburger erfunden oder den Bacon-Burger, wenn es keine Leute gegeben hätte, die die Frage des Toppings lockerer angehen? Wie wären wir sonst auf Ketchup, Salatblätter oder Tomatenscheiben gekommen? Oder auf Buns? Restaurants können den Ketchup verbannen, wenn er ihnen nicht ins Konzept passt (Anmerkung: Ist Ketchup nicht lecker? Was Besseres gibt's nicht, oder?), aber das gilt nicht für Bobs Burger. Und es gilt auch nicht für dieses Buch. Was wir wollen, ist genau das Gegenteil: Wir wollen, dass du alles Erdenkliche auf deinen Burger schaufelst. Wir wollen, dass du an die Burger herangehst wie Cole oder wie Bob es tut: dass du mutig und vielleicht auch ein bisschen leichtsinnig experimentierst. Denn nur so ist wissenschaftlicher Fortschritt möglich. Und eines Tages werden wir uns fragen, warum wir nicht immer schon *Texas-Chain-Slaw-Massacre-* oder *Fack-ju-Gurke-Burger* gegessen haben. Das sind dann die neuen Klassiker. Aber du warst der Erste, der sie gebraten hat.

SO BRÄTST DU EINEN KLASSISCHEN BURGER

Jeder kann einen Batzen Rinderhack auf einen Grill werfen und das Burger nennen. Aber was zeichnet einen guten Burger aus? Wird aus einem Hund eine gute Nonne, nur weil man ihm eine Ordenstracht überwirft? Nein. Doch wenn du den Anweisungen für Rinder-Burger in diesem Buch folgst, bist du schon auf dem Weg zur Perfektion. Wir sprechen von Burgerfektion.

Man beginnt mit kaltem, erstklassigem, frischem Rinderhack und nutzt eine Küchenwaage, um es abzuwiegen. Wenn du keine Küchenwaage hast, Gratulation, du bist ein normaler Mensch. Wenn du 500 Gramm Rinderhack gekauft hast, ist es einfach. Teile das Pfund in vier gleiche Portionen, wenn du einen Quarter-Pound-Burger zubereiten willst. Möchtest du ein großes, Drittel-Pfund-Patty? Nun, das hört sich riesig an. Bist du sicher? Okay. Teile deine Menge durch drei. Hast du mehr als ein Pfund gekauft? Weißt du was? Forme einfach Kugeln in Faustgröße.

Für die meisten Burger brauchst du Rinderhack mit einem Fettanteil von mindestens 20 Prozent. Fett ist ein Geschmacksträger. Und wer etwas anderes behauptet, den macht wahrscheinlich allein der Gedanke an Fett hysterisch und unzugänglich für jedes weitere Argument. Du kannst deinen Metzger auch nach einem Fettanteil von 30 Prozent fragen; er kann 20-prozentigem Hack noch Fett beimengen.

Achte auf saubere Hände und albere nicht mit dem Fleisch herum. Das gilt auch für das Formen von Tieren und sonstigen Kreaturen. Die Versuchung ist groß, aber du musst ihr widerstehen. Wenn man das Hack zu lange knetet, wird der Burger zäh. Um Zutaten wie Käse oder Gewürze unter das Fleisch zu mischen, geh behutsam vor. Die Serie heißt schließlich nicht Bobs Backstube.

Da Burger beim Braten schrumpfen, **sollten deine Pattys ein wenig größer sein als deine Buns** (deine Burger-Buns, nicht was du denkst*). Willst du flache Burger, drücke mit deinem Daumen eine flache Mulde in die Mitte des Patty. Auch wenn sich die Burger beim Braten noch wölben, werden sie am Ende doch flach.

Reines Rinderhack ist langweilig. Sorry, Rinderhack, aber das ist so. Pattys müssen gewürzt werden, bevor sie in der Pfanne oder auf dem Grill landen. Das heißt, wir müssen sie **auf beiden Seiten kräftig mit Salz und frisch gemahlenem Pfeffer würzen.** Nimm als Faustregel einen Teelöffel Salz und etwas weniger Pfeffer pro Pfund Hack; mit der Zeit findest du die für dich perfekte Menge. Denke immer daran: Du selbst darfst so geschmacklos sein, wie du willst, aber niemals dein Burger.

*„Buns" sagt man umgangssprachlich auch zu Pobacken.

Den Burger auf dem Grill braten hat so einen Paläo-Charme, und der Geruch und Geschmack, das ist Sommer. Wenn du also in Stimmung bist, schmeiß ihn an, den Grill. Aber du solltest wissen, dass Profis einen Flat-Top nutzen. Auch du besitzt einen Flat-Top – man nennt ihn Bratpfanne. **Brätst du ihn in der Pfanne, bleibt mehr von dem Fett und der Feuchtigkeit im Burger.** Wenn der Burger in der Pfanne aufliegt, bildet sich mehr Kruste, was noch mehr Geschmack bedeutet. Lass in der Pfanne ein Stück Butter zerlaufen oder Bratöl heiß werden, bevor du das Fleisch hineinlegst.

Das Landwirtschaftsministerium der USA (USDA) empfiehlt, den Burger so lange zu braten, bis er in der Mitte 70 °C hat, weil Kolibakterien ab 68 °C effektiv abgetötet werden. Wenn du diesen Rat ignorierst, werden „Leck mich, USDA!" vielleicht deine letzten Worte sein. Hol dir ein billiges Küchenthermometer oder hol dir ein teures mit Sofort-Anzeige, aber hol dir eines.

Grille oder brate Pattys von normaler Größe 4 oder 5 Minuten pro Seite und stecke dann das Thermometer von der Seite bis hinein ins Zentrum. Brate es so lange, bis die von der USDA empfohlene Temperatur fast erreicht ist (es gart noch nach, wenn du es von dem Herd nimmst, das nennt man Carryover-Effekt). Du wirst mit der Zeit herausfinden, was die für dich ideale Garzeit bei der von dir bevorzugten Garmethode ist (sie wird irgendwo zwischen 4 und 8 Minuten liegen), und auch, wie ein perfekt gebratener Burger aussieht und sich anfühlt. Und der höhere Fettanteil? Der hat einen weiteren Vorteil: Selbst bei der von dem USDA empfohlenen Kerntemperatur erzielst du so einen schön saftigen Burger. Mageres Fleisch trocknet schneller aus.

Wenn du Cheeseburger zubereitest – und ehrlich, warum solltest du das nicht tun? –, **gib den Käse nach dem Wenden auf die Pattys.** Leg einen Deckel auf die Pfanne oder den Grill oder setze ein Zelt aus Alu-Folie über die Pattys, damit der Käse es richtig kuschelig hat und besser schmilzt.

Lass die Burger nach dem Braten 1 oder 2 Minuten ruhen. So kann sich die Flüssigkeit im Fleisch neu verteilen. Während deine Pattys ruhen, toaste deine Buns (deine *Burger*-Buns).

Da wir gerade von Buns reden: Diese luftigen Kissen aus Brot sind die letzte ungeklärte Frage der Burger-Wissenschaft. **Wann immer möglich, nimm frisch gebackene Buns.** Brioche-Stil, Kaiserbrötchen, mit Sesam – probiere alle durch. So wie dein Metzger nur darauf wartet, Hack frisch für dich durchzudrehen, arbeiten auch Bäcker hart daran, dass dein nächster Burger ein voller Erfolg wird. Geh zu ihnen hin. Geh. Erzähl ihnen, dass wir zu Burger-Perfektion „Burgerfektion" sagen und beobachte, ob ihnen das gefällt. Achte darauf, ob sie darüber lachen.

SO BEREITEST DU PERFEKTE POMMES ZU

Pommes frites sind die Seelenverwandten der Burger – die salzige Beilage, welche der Burger am anderen Ende der überfüllten Tanzfläche erblickt und zu sich selbst sagt: „Das ist die, nach der ich immer gesucht habe." **Wir mögen sie aus Rotkartoffeln und Erdnussöl.** Du kannst auch andere Kartoffeln nehmen und sie in Butterschmalz frittieren, aber lass uns mit Rotkartoffeln und Erdnussöl anfangen.

Wasche die Kartoffeln gut. Niemand mag eine dreckige Kartoffel. **Schälen ist optional.** Für perfekte Pommes kann man die Kartoffel schälen und die Enden und Seiten so beschneiden, dass eine Kastenform entsteht. Schneide diesen Quader in gut ½ cm dicke Scheiben, drehe ihn auf die Seite und schneide wieder ½ cm dicke Scheiben. Nun hat man lange Kartoffelstäbe. Natürlich kannst du die Kartoffel auch mit einem Gemüseschneider zu ganz dünnen Sticks verarbeiten oder zu dicken Cajun-Style-Pommes mit Schale. Das Rezept ist mehr oder weniger dasselbe, egal wie du sie schneidest.

Lege die geschnittenen Kartoffeln für mindestens fünf Minuten in Eiswasser. So verlieren sie überschüssige Stärke und bleiben fest.

Gieße die Kartoffel-Sticks ab, verteile sie auf Küchenpapier und tupfe sie *gründlich* trocken – du willst Wasser nicht in Berührung mit heißem Öl bringen, es sei denn, du bist ein Fan von Fettspritzern.

Erhitze das Öl in einem großen, hohen Topf auf 160 °C. Messe die Temperatur mit einem Brat- oder Zuckerthermometer. Verwende so viel Öl, dass die Pommes vollständig damit bedeckt sind. Gib die Kartoffeln portionsweise hinein und frittiere sie 5 Minuten, bis sie weich sind. Nicht dabei abdecken. Lass sie nicht braun werden. Entferne sie vorsichtig mit einem *langstieligen* Schöpflöffel oder einem Metallsieb und breite sie auf Küchenpapier aus. **Bist du auch wirklich super-duper-extra-vorsichtig?** Das ist *heißes Öl* da in deinem Topf. Verwende eins der hinteren Kochfelder. Bewege dich vorsichtig. Nach dem Essen kannst du mit den Armen rudern und mit den Beinen strampeln, aber nicht jetzt. Wenn die Kartoffelsticks auf Raumtemperatur abgekühlt sind, erhitze das Öl auf 190 °C. **Frittiere die vorgegarten Sticks in kleinen Mengen weitere 3 Minuten** oder so lange, bis sie eine goldbraune Farbe haben. Schöpfe sie heraus lass sie auf Küchenpapier abtropfen. Achte auch diesmal auf eine konstante Temperatur und halte das Öl von anderen fern. Du kannst sie nicht perfekte Pommes nennen, wenn jemand, der dir nahesteht, dabei Verbrennung dritten Grades davonträgt.

Gib die Pommes in eine große Schüssel, salze sie – fertig. Natürlich kannst du auch mit schwarzem Pfeffer, Rosmarin, Chilipulver, Knoblauchsalz, Zwiebelsalz oder Paprikapulver herumexperimentieren. Aber du magst sicher keine Pommes der Sorte „hey, seht mich an, ihr sollt mich ansehen!". Burger und Pommes sind Seelenverwandte, weil sie sich gegenseitig unterstützen. Würze sie also entsprechend.

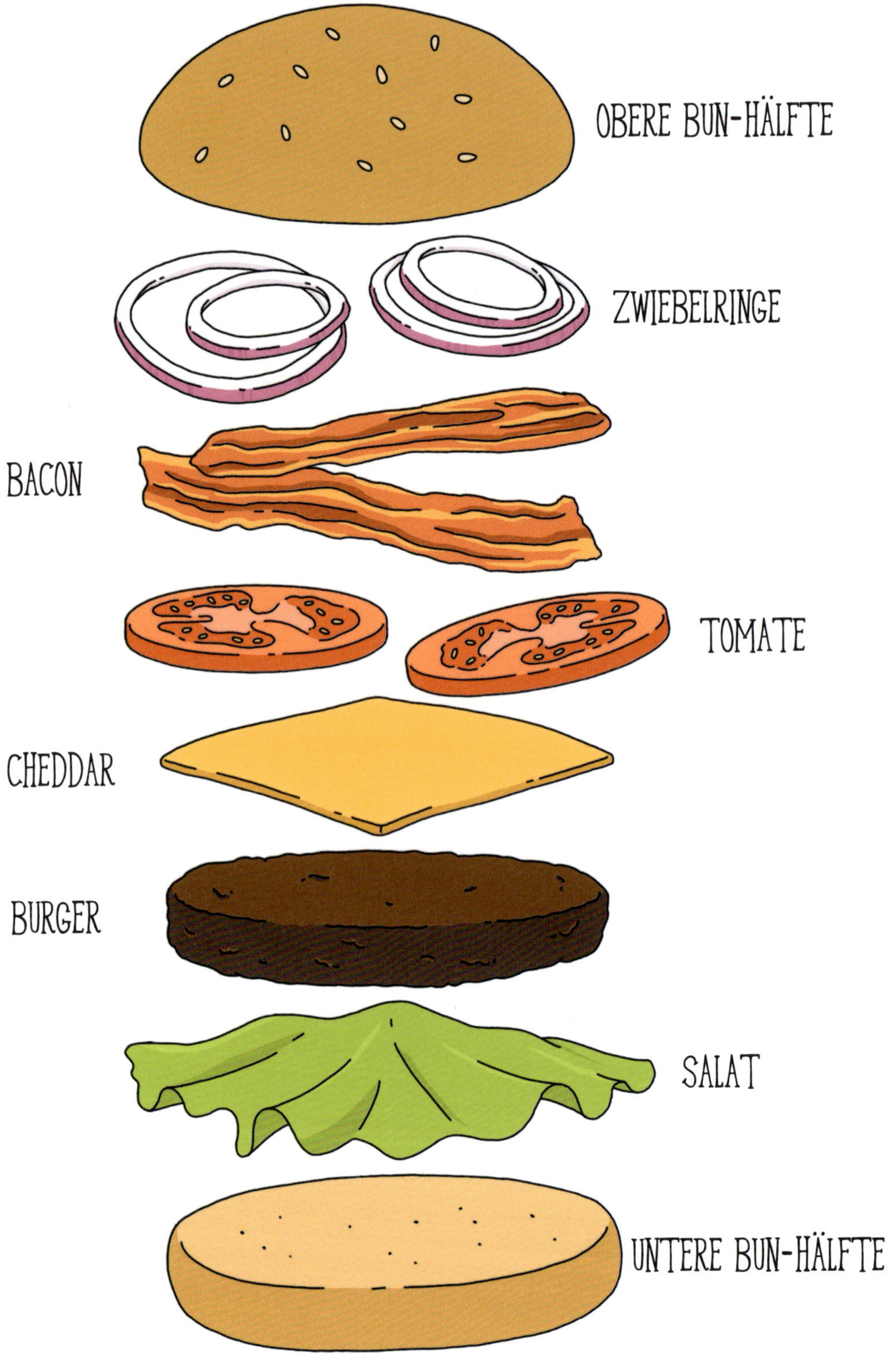
OBERE BUN-HÄLFTE
ZWIEBELRINGE
BACON
TOMATE
CHEDDAR
BURGER
SALAT
UNTERE BUN-HÄLFTE

RUNDE-MUSS-INS-SPECKIGE-BURGER

STAFFEL 1, FOLGE 1: MENSCHENFLEISCH

Ein klassischer Burger aus reinem Rinderhack mit Salat, Cheddar, Zwiebeln, Tomaten und Bacon. Dafür hat George Washington einst gekämpft. Es ist das, was die Freiheitsstatue am liebsten in der Hand hätte, statt dieser blöden Fackel. Nimm die frischesten Zutaten, die du finden kannst, bis hin zum Bun. ERGIBT 4 BURGER UND REICHLICH POMMES

500 g Bacon in Scheiben
Pommes (siehe Seite 9)
500 g Rinderhack
250 ml Vollmilch
1 großes Ei
4 Buns
grüne Salatblätter
1 große Tomate, in Scheiben geschnitten
1 rote Zwiebel, in Ringe geschnitten

1 Ofen auf 200 °C vorheizen. Wenn du deinen Bacon gern in der Pfanne brätst, lege 8 Scheiben zunächst zur Seite und würfele den Rest. Brate den zerkleinerten Bacon bei mittlerer Hitze, bis er knusprig und der Großteil des Fetts ausgelassen ist. Lass die Bacon-Würfel auf Küchenpapier abtropfen, wische die Pfanne aus und brate die zur Seite gelegten Scheiben, bis sie kross sind. Lass sie abtropfen. Alternativ kannst du alle Bacon-Scheiben auf einem Rost verteilen, den du auf ein Backblech setzt, und 15 bis 20 Minuten in den Ofen geben, bis sie braun und knusprig sind. Hebe davon 8 Scheiben auf und hacke den Rest. Schalte den Ofen nicht aus.

2 Bereite die Pommes zu wie auf Seite 9 beschrieben, bis sie blanchiert, aber nicht knusprig sind. Lass sie abtropfen und abkühlen.

3 In einer großen Schüssel verquirle die Milch mit dem Ei. Wende die abgekühlten Pommes in der Milch-Ei-Mischung und verteile sie auf einem mit Backpapier ausgelegten Backblech. Streue den zerkleinerten Bacon über die Pommes und gib sie für 10 bis 15 Minuten in den Ofen, bis sie extraknusprig sind.

4 In der Zwischenzeit forme 4 Pattys, würze sie auf beiden Seiten mit Salz und Pfeffer und brate deine Burger. Kurz bevor sie durch sind, belege sie mit dem Käse.

5 BURGER BAUEN: Untere Bun-Hälfte, Salat, Cheeseburger, Tomate, Bacon-Scheiben, Zwiebelringe, obere Bun-Hälfte. Mit den Bacon-Pommes servieren.

EI-KÄSE-HOCH-BURGER

STAFFEL 3, FOLGE 11: FKK-STRAND

Ein Rinder-Burger mit Schmelzkäse und Spiegelei. Kommt mit Tabasco-Sauce und etwas Salat auf einem einfachen Bun – so eierartig wie eierlei. Ei, ei, Sir! ERGIBT 4 BURGER

500 g Rinderhack
8 Scheiben Schmelzkäse
4 große Eier
Butter
4 Toasties
grüne Salatblätter
Tabasco-Sauce (optional, aber es schmeckt besser mit)

1 Forme 4 Pattys, salze und pfeffere sie auf beiden Seiten und brate sie. Kurz bevor sie durch sind, lege den Käse darauf (2 Scheiben pro Burger). Damit er besser schmilzt, decke die Pfanne mit einem Deckel ab.

2 Brate die Spiegeleier mit etwas Butter in einer großen Pfanne. Manche wenden die Eier noch, aber für diesen Burger willst du sie „sunny side up", mit der Sonnenseite nach oben, damit sie zu deiner inneren Einstellung passen.

3 Toaste die Toasties und bestreiche jeweils beide Hälften mit Butter.

4 BURGER BAUEN: Erste Toastie-Hälfte, Salat, Cheeseburger, Spiegelei. Einen Spritzer scharfe Sauce darauf, dann die zweite Toastie-Hälfte. DEINE obere Toastie-Hälfte wird begeistert sein!

5 Schnapp dir eine Serviette, du wirst sie brauchen!

LAST-MANCHEGO-STANDING-BURGER

STAFFEL 5, FOLGE 10: IM GARTEN VON BOB UND LOUISE

Ein Burger mit karamellisierten Schalotten, Manchego (spanischer Hartkäse aus Schafsmilch) und der großzügigen Unterstützung von Fig Jam (Feigenkonfitüre). Fig Jam! Hausverbot. Hausverbot!! Erinnerst du dich? Aus der Serie? ERGIBT 4 BURGER

- **2 EL Butter**
- **6 Schalotten, in feine Scheiben geschnitten**
- **500 g Rinderhack**
- **1 kleiner Block Manchego, in Scheiben geschnitten**
- **Feigenkonfitüre**
- **4 Buns**
- **Rucola oder Kopfsalat**

1 Schmelze die Butter bei mittlerer bis schwacher Hitze in einer großen Pfanne. Gib die Schalotten hinzu und mische sie unter. Dünste sie bei schwacher Hitze unter gelegentlichem Rühren, bis sie nach 15 bis 20 Minuten ganz weich und goldbraun sind.

2 Forme 4 Pattys, würze sie auf beiden Seiten mit Salz und Pfeffer, brate die Burger und lass jeweils einige Käsescheiben darauf schmelzen. Lege einen Deckel auf oder decke die Burger mit Folie ab, damit der Käse besser schmilzt.

3 BURGER BAUEN: Untere Bun-Hälfte, dann Cheeseburger, Rucola oder Salat und die geschmorten Schalotten. Streiche Feigenkonfitüre auf die obere Bun-Hälfte, setze sie obenauf und zaubere ein glückliches Lächeln auf dein Gesicht.

RADIESCHEN-MÜLLER-BURGER

STAFFEL 1, FOLGE 5: THE HAMBURGER DINNER

Ein Rinder-Patty mit einer erfrischend knusprig-cremig-würzigen Mischung aus Crème fraîche, Gurke, Dill und Radieschen. Schneide übrig gebliebene Radieschen in Scheiben und verwende sie zum Anrichten. Deine Freunde werden sagen: „Hey, hübsch garniert.“ ERGIBT 4 BURGER

- 1 Salatgurke, geschält
- 10–12 Radieschen
- 75 g Crème fraîche
- 1 EL frischer Dill, gehackt
- 500 g Rinderhack
- grüne Salatblätter
- 4 Baguette-Brötchen (klassische Buns passen auch)

1 Raspele die Gurke und die Radieschen mit der Küchenreibe in eine mittelgroße Schüssel. Füge die Crème fraîche und den Dill hinzu und verrühre das Ganze.

2 Forme 4 Pattys, salze und pfeffere sie rundum und brate die Burger.

3 BURGER BAUEN: Gib ein paar Salatblätter und einen Burger auf die untere Brötchenhälfte, darauf etwas von der köstlichen Gurken-Radieschen-Mischung, dann die obere Brötchenhälfte.

4 Zum Schluss werden die Burger garniert. Schon vergessen? Wir haben doch gerade noch darüber gesprochen. Ach, weißt du was, vergiss es einfach! Keine Ahnung, warum ich so eine große Sache daraus mache.

POBLANO-PICASSO-BURGER

STAFFEL 1, FOLGE 8: DIE KUNST-MEILE

Ein Patty aus Rinderhack, garniert mit einer scharfen Salsa Verde mit Poblano, frischen Tomaten und mildem Käse. Noch nie hat ein Picasso so gut geschmeckt. Es ist ja anzunehmen, dass seine Bilder grauenhaft schmecken – dieser Burger hingegen ist köstlich. ERGIBT 4 BURGER

- 1 mittelgroße Zwiebel, gehackt
- 1 TL Butter
- 1 große Poblano-Spitzpaprika, längs halbiert und entkernt
- 4 frische Tomatillos, enthüllt und geviertelt (ersatzweise aus der Dose)
- 1 Jalapeño
- 500 g Rinderhack
- 4 Scheiben Monterey Jack (ersatzweise junger Gouda)
- 4 Buns
- grüne Salatblätter
- 1 große Tomate, in dicke Scheiben geschnitten

1 Heize den Backofengrill vor.

2 Gib die Butter in eine kleine Pfanne und dünste die gehackte Zwiebel bei mittlerer bis starker Hitze glasig.

3 Lege die Poblano und Tomatillos nebeneinander in eine Auflaufform und brate sie 5 bis 10 Minuten auf der mittleren Schiene unter dem heißen Backofengrill, bis sie beginnen, braun zu werden.

4 Püriere die glasierten Zwiebeln, die Poblano und die Tomatillos aus dem Ofen sowie die Jalapeño mit dem Pürierstab oder im Mixer und stelle sie zur Seite.

5 Forme 4 Pattys, würze sie beidseitig mit Salz und Pfeffer und brate die Burger wie üblich. Schmelze dabei eine ordentliche Portion Käse auf den Burgern.

6 BURGER BAUEN: Untere Bun-Hälfte, Salat, Cheeseburger, reichlich Salsa Verde, Tomate und obere Bun-Hälfte. Du wirst diesen Burger hundertpoblanozentig lieben! Kapiert? Hundertpoblanozentig! Wie hundertprozentig.

DIE-ROSENKOHL-COPS-BURGER

STAFFEL 2, FOLGE 3: SYNCHRONSCHWIMMEN

Rosenkohl. Als Kinder haben wir ihn heimlich in die Blumentöpfe gestopft, um das Zeug nicht essen zu müssen, und als Erwachsene lieben wir ihn. Das Leben ist komisch, oder? Dieser mild gewürzte Bacon-Burger, garniert mit leicht geröstetem Rosenkohl und Pistazien, lässt für dich am Tisch Rosen regnen – wenn auch in Form von Kohl.

ERGIBT 4 BURGER

- 250 g Bacon in Scheiben
- 150 g Rosenkohl, in feine Scheiben geschnitten
- 25 g geschälte Pistazien, grob gehackt
- 500 g Rinderhack
- 4 Buns
- grüne Salatblätter
- Schmand

1 Brate den Bacon in einer großen Pfanne bei schwacher Hitze, bis er knusprig, aber noch nicht trocken ist.

2 Lege den Bacon auf Küchenpapier und gib die Rosenkohlscheiben in das ausgelassene Bacon-Fett; erhöhe die Hitze auf mittlere Stufe. Du könntest auch Gartengeräte in flüssigem Bacon braten und sie würden gut schmecken. Das ist eine Tatsache!*

3 Sobald der Rosenkohl ein wenig braun wird, gib die Pistazien hinzu. Rühre etwa 1 Minute, dann nimm die Pfanne vom Herd, fülle den Inhalt in eine kleine Schüssel und stelle sie zur Seite.

4 Würze das Fleisch mit Salz und Pfeffer, forme 4 Pattys und brate die Burger in derselben Pfanne wie vorher den Rosenkohl.

5 BURGER BAUEN: Untere Bun-Hälfte, Salat, Burger, Bacon, etwas von der Rosenkohlmischung, ein Klacks Schmand, obere Bun-Hälfte. Klacks. Klacks. Klasse-Wort! Klacks.

* Iss keine Gartengeräte.

ROGG-ME-BABY-BURGER

STAFFEL 2, FOLGE 6: DR. YAP

Rinder-Pattys auf Roggenbrot mit Cheddar-Käse, scharfem Senf, karamellisierten Zwiebeln und Meerrettich. Oder wenn du es genau wie Bob machen willst, kannst du den Meerrettich auch durch Avocadoscheiben ersetzen. ERGIBT 4 BURGER

- 1 EL Butter
- ½ mittelgroße Zwiebel, in Scheiben geschnitten
- 500 g Rinderhack
- 4 Scheiben Cheddar (etwa ½ cm dick)
- Roggenbrot, in Scheiben (Sei kein Geizhals, hol dir das gute Brot vom Bäcker. Nichts ist schlimmer als abgepacktes Roggenbrot.)
- Kopf- oder anderer grüner Blattsalat
- 4 TL Meerrettich (oder 1 Avocado in Scheiben)
- scharfer Senf

Die Zwiebeln dünsten

1 Bring die Butter bei mittlerer bis schwacher Hitze in einer großen Pfanne zum Schmelzen. Mische die Zwiebeln unter und schalte auf schwache Hitze herunter. Dünste die Zwiebeln unter gelegentlichem Rühren, bis sie weich und goldbraun sind.

Die Burger zubereiten

1 Forme Pattys, salze und pfeffere sie beidseitig und brate sie wie sonst auch. Kurz bevor sie durch sind, lege auf jeden Patty eine dicke Scheibe Cheddar und decke die Pfanne mit einem Deckel oder einem Zelt aus Alufolie ab, damit der Käse besser schmilzt.

2 BURGER BAUEN: Roggenbrot, Salat, Cheeseburger, karamellisierte Zwiebeln, ein Löffel Meerrettich (oder ein paar Avocadoscheiben) und eine weitere Scheibe Roggenbrot, dick mit Senf bestrichen. Dieser Burger roggt.

GRÜNKOHLER-WIRD'S-NICHT-BURGER

STAFFEL 2, FOLGE 7: UNFEINER FEINSCHMECKER

Auf dieses Rinder-Patty kommt herrlich aromatischer Greyerzer Käse und kross gebratener Grünkohl. Serviert wird er auf einem getoasteten Weizen-Bun und mit einem Rosmarin-Kritharaki-Salat als Beilage. Dieser Burger gibt dir das Recht, die Lorbeeren zu ernten – du lässt dich nicht verkohlen und bist auch nicht mehr grün hinter den Ohren. ERGIBT 4 BURGER

- 750 ml Hühnerfond (oder schwach gesalzene Hühnerbrühe)
- 200 g Kritharaki oder Risoni (Pasta in Reiskorn-Form)
- 1 Tomate, gewürfelt
- 2 Zweige frischer Rosmarin, die Blätter fein gehackt
- 500 g Rinderhack
- 100 g Greyerzer, gerieben
- 4 Weizen- oder Vollkorn-Buns
- 1 großer Bund Grünkohl, entstielt, die Blätter in feine Streifen geschnitten
- 4 Knoblauchzehen, fein gehackt
- Olivenöl
- 2 EL Rotweinessig

Kritharaki-Salat zubereiten

1 Bring den Hühnerfond zum Kochen und gibt die Kritharaki hinein. Koche sie 10 Minuten und gieße sie ab. Mische sie in einer Schüssel mit den Tomatenstücken und dem Rosmarin und stelle sie beiseite. Du kannst den Salat warm oder kalt servieren.

Grünkohl zubereiten

1 Heize den Ofen auf 150 °C vor.

2 Zupfe die Grünkohlblätter von den Strünken, wasche sie gründlich und tupfe sie trocken. Rupfe sie in Stücke etwa in der Größe von Spielkarten.

3 Lege eine Backform mit Backpapier aus und verteile den Kohl darauf. Bestreiche ihn mit Olivenöl und bestreue ihn großzügig mit Salz.

4 Lasse ihn 10 Minuten im Ofen garen, dann drehe die Backform um 180 Grad und schiebe sie für weitere 10 Minuten in den Ofen. In den letzten Minuten solltest du ein Auge auf den Kohl haben. Er soll knusprig werden, nicht schwarz. Stell ihn zur Seite.

Burger zubereiten

1 Forme 4 Pattys, würze sie beidseitig mit Salz und Pfeffer und brate die Burger wie immer. Belege die Burger mit Greyerzer. Toaste deine Buns. Nein, nicht deine Pobacken, die Burger-Buns.

2 BURGER BAUEN: Untere Bun-Hälfte, Cheeseburger, knuspriger Grünkohl, obere Bun-Hälfte. Dieser Burger wird dich nicht verkohlen. (Sorry, der musste sein.)

THE-FINAL-KRAUTDOWN-BURGER

STAFFEL 2, FOLGE 7: UNFEINER FEINSCHMECKER

Süßes bayrisches Sauerkraut, karamellisierte Zwiebeln, Schweizer Käse und Burger, serviert auf einem Kaiserbrötchen. Bayrisches Sauerkraut ist viel milder als das, was du sonst unter Sauerkraut verstehst, also wehre dich nicht. Ergib dich! Ergib dich den Bayern! ERGIBT 4 BURGER

- 1 EL Butter
- 1 Gemüsezwiebel, gehackt
- 1 kleine Dose Bayrisches Sauerkraut (400 g), abgetropft
- 500 g Rinderhack
- 4 Scheiben Schweizer Käse
- 4 Kaiserbrötchen
- Dijon-Senf

1 Bring die Butter in einer großen Pfanne bei mittlerer bis schwacher Hitze zum Schmelzen. Reduziere die Wärmezufuhr und gib die Zwiebeln hinzu. Dünste sie unter gelegentlichem Rühren, bis sie nach 20 bis 30 Minuten weich sind und eine goldbraune Farbe angenommen haben. Sie duften jetzt erstaunlich intensiv und süß. So wie du. Ich meine, so riechst du natürlich immer, aber jetzt noch mehr.

2 Mische das Sauerkraut in der Pfanne unter die karamellisierten Zwiebeln. Du musst nichts weiter tun als das Sauerkraut erwärmen, das ist alles. Hab keine Angst, du machst das großartig.

3 BURGER ZUBEREITEN: Würze das Rinderhack mit Salz und Pfeffer, forme 4 Pattys und brate sie. Bring den Käse darauf wie üblich zum Schmelzen.

4 BURGER BAUEN: Untere Brötchenhälfte, Cheeseburger, etwas von der Sauerkraut-Zwiebel-Mischung, Senf, obere Brötchenhälfte.

FRÜHER-WAR-MEHR-BRUSCHETTA-BURGER

STAFFEL 2, FOLGE 9: BIGFOOT

Ein Patty aus Rinderhack mit Bruschetta-Topping, frischem Mozzarella und Balsamico-Dressing, serviert auf getoastetem Baguette. Köstlich, einfach und voller kräftiger, leuchtender Geschmacksnoten. So schmecken Burger bei der Mafia! ERGIBT 4 BURGER

- **5 Roma-Tomaten, entkernt und in Würfel geschnitten (knapp 1 cm)**
- **1 Knoblauchzehe, fein gehackt**
- **1 Bund frisches Basilikum, die Blätter aufeinandergelegt, zusammengerollt und in feine Streifen geschnitten**
- **2 EL Olivenöl**
- **1 EL Balsam-Essig**
- **500 g Rinderhack**
- **1 Kugel frischer Mozzarella, in dicke Scheiben geschnitten**
- **1 Baguette**

1 Mische die Tomatenwürfel, den Knoblauch und das Basilikum in einer großen Schüssel. Gib das Olivenöl, den Balsamico sowie etwas Salz und Pfeffer hinzu, hebe alles gut unter und stell die Schüssel zur Seite.

2 Forme 4 Pattys, würze sie beidseitig mit Salz und Pfeffer und brate sie. Kurz bevor die Burger den gewünschten Gargrad erreicht haben, bringe den Käse darauf zum Schmelzen. Toaste 2 Scheiben Baguette pro Burger.

3 BURGER BAUEN: Getoastete Baguette-Scheibe, Cheeseburger, eine große Ladung Bruschetta-Topping, Baguette-Scheibe.

4 Iss ihn. Denk an das, was du alles erreicht hast. Diesen Burger, den du gerade zubereitet hast, alles … es war ein guter Tag.

PALM-BEACH-BURGER

STAFFEL 2, FOLGE 8: SCHLIMME TINA

Ein Rinder-Patty mit Parmesan und einer Tapenade aus würzigen Palmenherzen und Artischocke. Das wird der reinste Tap(enade)-Dance in deinem Mund. Ha cha-cha! ERGIBT 4 BURGER

- 500 g Rinderhack
- 100 g Parmesan, gerieben
- 1 kleine Dose Palmenherzen (400 g), ganz oder in Scheiben
- 1 kleine Dose Artischockenherzen (400 g)
- 2 Knoblauchzehen
- 10 grüne Oliven ohne Kern
- 10 Kalamata-Oliven ohne Kern
- 1 Serrano-Chili
- etwa 5 Blätter frisches Basilikum
- 2 EL Olivenöl
- 1 EL Balsam-Essig
- 4 Buns

1 Forme 4 Pattys, würze sie von beiden Seiten mit Salz und Pfeffer und brate sie wie sonst auch. Vor Ende der Garzeit verteile den Parmesan auf die vier Burger. Decke die Pfanne ab oder setze ein Zelt aus Alufolie über die Burger, damit der Käse besser schmilzt.

2 Püriere alle anderen Zutaten (außer den Buns natürlich) in der Küchenmaschine oder im Mixer, bis die Mixtur zwar streichfähig wird, aber noch kleine Stücke enthält. Koste die Tapenade meinetwegen, aber bleib auf dem Boden. Kein Stepptanz in der Küche, sonst werden die Burger kalt.

3 TOASTE DIE BUNS UND BAUE DEINE BURGER: Untere Bun-Hälfte, Cheeseburger, Palmenherzen-Artischocken-Tapenade, obere Bun-Hälfte.

CLO

POUTINE-ON-THE RITZ-BURGER

STAFFEL 2, FOLGE 9: BIGFOOT

Hachz, Kanada! Statt rot-weiß isst der Kanadier seine Pommes lieber braun-weiß und nennt das dann Poutine. Dieses davon inspirierte Burger-Gericht besteht aus einem Rinder-Patty mit frischen Cheese Curds, brauner Sauce, zerbröselten Ritz-Crackern und Poutine-Pommes als Beilage. Es ist eins dieser Gerichte, bei denen dein Herz aufheult: „Warum hasst du mich so?" Aber es schmeckt so gut, dass du ihm antworten wirst: „Stell dich nicht so an, du Baby!" Echte Cheese Curds bekommt man hierzulande bisher hauptsächlich online. ERGIBT 4 BURGER PLUS JEDE MENGE POUTINE-POMMES

- **3 EL gemahlener schwarzer Pfeffer (aufteilen)**
- **2 EL Paprikapulver**
- **2 TL Cayennepfeffer**
- **Pommes (siehe Seite 9)**
- **4 EL Butter**
- **6 EL Mehl**
- **700 ml Rinderfond**
- **500 g Rinderhack**
- **Salz**
- **4 Buns**
- **frische Cheese Curds (ersatzweise Feta)**
- **½ Packung Ritz Cracker**

1 In einer großen Schüssel mische 2 der 3 Esslöffel Pfeffer mit dem Paprikapulver und dem Cayennepfeffer. Frittiere die Pommes wie auf Seite 9 beschrieben. Schwenke die fertigen Pommes in dieser Pfeffermischung und ein wenig Salz und halte sie warm.

2 Für die Sauce zerlasse die Butter bei mittlerer Hitze in einer Pfanne oder einem Topf und quirle dann das Mehl darunter. Weiter rühren, bis die Mischung anfängt zu bräunen und Röstaromen abgibt. Jetzt hast du eine Mehlschwitze. Gib ½ l Rinderfond hinzu und rühre, bis keine Klümpchen mehr zurückbleiben. Rühre den übriggebliebenen schwarzen Pfeffer unter und gib dann den restlichen Fond hinzu. Falls du Sauce lieber dicker magst, kannst du etwas weniger Fond nehmen.

3 Forme 4 Pattys, würze sie auf beiden Seiten mit Salz und Pfeffer, und brate deine Burger.

4 BURGER BAUEN: Untere Bun-Hälfte, Burger, eine Handvoll Cheese Curds, braune Sauce, reichlich Ritz-Cracker-Brösel, obere Bun-Hälfte.

5 Mische etwas von den Cheese Curds unter die Pommes und gib Sauce darüber. Wundere dich nachher nicht über das quietschende Geräusch beim Kauen. Dein Gebiss sitzt richtig, alles bestens. Das ist nur der Beweis dafür, dass du echte Cheese Curds genommen hast.

EVERY-BREATH-YOU-TIKKA-MASALA-BURGER

STAFFEL 2, FOLGE 9: BIGFOOT

Dierser von der Küche Indiens inspirierte Burger wird mit einem Topping von duftigem Basmati-Reis und Thai-Basilikum serviert. Lammhack klingt grausam, wie etwas, das nur ein Monster essen würde, aber Lamm hat das Zeug dazu, dein neuer Burgerfleischfavorit zu werden! Auch der Kontrast zwischen dem Basilikum und dem Masala ist der Hammer. Reiche würzige Kartoffeln dazu. ERGIBT 8 BURGER PLUS JEDE MENGE MASALA-KARTOFFELN EXTRA

- 400 g Basmati-Reis
- 3 große Kartoffeln, gewürfelt
- 4 Paprika, fein gewürfelt
- 1 scharfe Chili, entkernt und gehackt
- 2 EL Butter (aufteilen)
- Paprikapulver
- 1 große Zwiebel, grob gehackt
- 1 Knoblauchzehe, fein gehackt
- 1 große Dose ganze Tomaten (800 g)
- 1 TL gemahlener Kreuzkümmel
- 1 TL Currypulver
- 1 TL gemahlener Ingwer
- 1 TL Salz
- 1 EL Garam Masala
- 250 g Naturjoghurt
- 1 kg Rinder- oder Lammhack
- 8 Buns
- 1 große Handvoll frisches Thai-Basilikum

Reis zubereiten

1 Diesen Arbeitsschritt sollte man sich nicht schenken: Spüle den Reis so lange ab, bis das Wasser dabei klar bleibt, und weiche ihn dann mindestens 30 Minuten lang in sauberem Wasser ein.

2 Bring 800 ml Wasser in einem großen Topf zum Kochen, gib den Reis hinzu und rühre um. Lass den zugedeckten Reis bei sehr schwacher Hitze quellen, bis das Wasser vollständig vom Reis absorbiert wurde und der Reis feucht ist, aber nicht am Boden klebt.

Kartoffeln zubereiten

1 Den Ofen auf 90 °C vorheizen. Leg die Kartoffeln in einen großen Topf mit Wasser und gib Salz hinzu. Bring die Kartoffeln zum Kochen und lass sie bei schwacher Hitze köcheln, bis sie gar sind.

2 Dünste währenddessen die Paprika und die Chili in 1 Esslöffel Butter in einer großen, ofentauglichen Pfanne, bis dir die Schärfe in die Augen steigt und es in der Küche köstlich duftet.

3 Gieß die Kartoffeln ab und gib sie zu der Paprika. Besprenkle sie großzügig mit Paprikapulver und gib die Pfanne für 20 bis 30 Minuten in den Ofen (oder bis die Sauce fertig ist und du bereit zum Essen bist).

Masala zubereiten

1 Dünste die Zwiebeln bei mittlerer bis starker Hitze in der restlichen Butter glasig. Füge den Knoblauch hinzu.

2 Gib die Tomaten mitsamt ihrem Saft zu den Zwiebeln und bring sie zum Köcheln. Würze sie mit Kümmel, Curry- und Ingwerpulver. Warte, bis die Tomaten „anschwitzen“ – das ist eine abgehobene Bezeichnung dafür, dass sie anfangen, ihre Flüssigkeit abzugeben, die sich dann gut erkennbar hell oben absetzt. Dann gib Salz und Masala hinzu.

3 Lass die Mischung etwa 10 Minuten lang einkochen und nimm sie dann vom Herd. Gib ihr ausreichend Zeit zum Abkühlen (bis du dir nicht mehr den Finger daran verbrennst).

4 Mische den Joghurt unter. Er wird dabei gerinnen, aber du hast nichts verdorben. Du bist noch immer ein guter Mensch und das alles kann gefahrlos verzehrt werden. Das bedeutet nämlich nur, dass der Joghurt mit einer Säure in Kontakt kam; es hat nichts mit saurer Milch zu tun. Rühre so viel Masala unter den Reis, dass er feucht wird, aber nicht wässrig. Das restliche Masala bleibt für die Kartoffeln.

Burger zubereiten

1 Forme 8 Pattys, würze sie auf beiden Seiten mit Salz und Pfeffer und grille oder brate die Burger so wie immer.

2 BUNS TOASTEN UND BURGER BAUEN: Untere Bun-Hälfte, Burger, Masala-Reis-Mischung, Basilikum, obere Bun-Hälfte.

3 Gib das restliche Masala über die Kartoffeln und serviere sie als Beilage zu den Burgern.

OBERE BUN-HÄLFTE
ZIEGENKÄSE
SCHALOTTEN
BURGER
RUCOLA
UNTERE BUN-HÄLFTE

SCHALOTTENE-LIEBE-BURGER

STAFFEL 1, EPSIDOE 10: BURGER-KRIEG

Wie viel französischer kann es noch werden? So viel! Dieser mit Thymian gewürzte Burger kommt mit karamellisierten Schalotten und cremigem Ziegenkäse daher und wird auf einem frischen Baguette-Brötchen serviert. ERGIBT 4 BURGER

- 10 kleine Schalotten
- 3 EL Butter
- 1 EL Rotwein-Essig
- 2 Zweige Rosmarin
- 2 Zweige Salbei
- 500 g Rinderhack
- 1 TL frischer Thymian, gehackt
- 1 Rolle Ziegenweichkäse (100–150 g, Raumtemperatur)
- 4 Baguette-Brötchen
- Rucola

1 Eine Methode zum Knoblauchschälen, die auch bei Schalotten funktioniert: Lege die Schalotten in eine Schüssel und bedecke sie mit kochendem Wasser. Lass sie 10 Minuten darin ziehen und gieße das Wasser ab. Schneide das Wurzelende ab, schäle die Knoblauchzehen und schneide sie in Scheiben.

2 Schmelze die Butter bei mittlerer Hitze in einer Bratpfanne. Gib die Schalotten zusammen mit dem Rosmarin und dem Salbei hinein. Köcheln lassen und gelegentlich umrühren, bis die Schalotten dunkelbraun sind. Gib jetzt den Rotwein-Essig hinzu. Schöpfe die Schalotten aus der Pfanne und stelle sie beiseite; der Sud bleibt in der Pfanne.

3 Forme 4 Pattys und würze sie rundum mit frischem Thymian, Salz und Pfeffer. Brate deine Pattys in der Pfanne, in der du die Schalotten zubereitet hast.

4 BESTREICHE DIE OBERE BRÖTCHENHÄLFTE MIT ZIEGENKÄSE UND BAUE DEINEN BURGER: Untere Brötchenhälfte, Rucola, Burger, karamellisierte Schalotten, obere Brötchenhälfte. Klarer Fall, schalottene Liebe geht durch den Magen.

ICH-HABE-EIN-MUNSTER-ERSCHAFFEN-BURGER

STAFFEL 1, FOLGE 11: IMMER ÄRGER MIT MORT

Perfekte Pattys mit geschmorten Pilzen, einer dicken Schicht Munsterkäse und einem Klacks Ketchup und Salat als Farbtupfer. Junger Munster ist ein recht milder Käse, aber er verleiht dem Burger viel Struktur. (Er hat es übrigens auf Platz 4 von Genes Lieblingskäse-Hitliste geschafft. Diese Liste ändert sich ständig, also bleib dran.)

ERGIBT 4 BURGER

300 g weiße Champignons (nicht zu groß), in Scheiben

2 EL Butter

500 g Rinderhack

8 dicke Scheiben Munsterkäse (Münster)

4 Buns

Kopf- oder anderer grüner Blattsalat (*Kopf*salat gibt diesem Burger natürlich einen ganz besonderen Touch.)

Ketchup

1 Schmore die Pilze bei mittlerer bis starker Hitze in der Butter, bis sie weich und leicht gebräunt sind.

2 Forme 4 Pattys und würze sie auf beiden Seiten mit Salz und Pfeffer. Brate die Burger.

3 Lege auf jeden Burger 1 Scheibe Munsterkäse. Dann türme Pilze darauf und lege eine zweite Münsterscheibe darüber, um die Pilze zu fixieren.

4 BURGER BAUEN: Untere Bun-Hälfte, Salat, Käse-Pilz-Burger, Ketchup nach Belieben, obere Bun-Hälfte.

LINSEN-WEISHEITEN-BURGER

STAFFEL 3, FOLGE 2: FETTE BEUTE

Ein Rinder-Patty, auf das eine Mischung aus roten Linsen, Serrano-Chilis, Knoblauch und Zwiebeln kommt. Ein paar Krümel Ziegenkäse mit Kräutern und frische Spinatblätter runden den reichhaltigen, Over-the-Top-Geschmack ab. Wir reden von *Over the Top*, dem Film – dieser Hamburger schmeckt wie Arm-Wrestling. Gibt man noch Ingwer, Honig, Knoblauch und Serrano-Chilis hinzu, dann erwecken die Zwiebeln den Geschmack der Linsen zum Leben (und wenn Linsen zum Leben erwachen, musst du sie von da an dreimal am Tag füttern). ERGIBT 4 BURGER

- 200 g getrocknete rote Linsen
- 5 Knoblauchzehen, fein gehackt
- ½ grüne Paprika, gewürfelt
- 2 Stangen Staudensellerie, fein gewürfelt
- ½ Zwiebel, gehackt
- 3 Serrano-Chilis, entkernt und fein gewürfelt
- Olivenöl
- 1 EL Honig
- 2 TL gemahlener Ingwer
- 500 g Rinderhack
- 4 Buns
- 1 Rolle Ziegenweichkäse (100–150 g, Raumtemperatur)
- 1 Beutel Babyspinat

1 Bereite die Linsen nach Packungsanleitung zu. Sie müssen fest bleiben und dürfen nicht matschig werden. Es passiert leicht, dass man sie verkochen lässt – tu das nicht.

2 Brate den Knoblauch, die Paprika, den Sellerie, die Zwiebel und die Chilis im Olivenöl kurz an, bis sie aromatisch duften.

3 Wenn die Linsen fertig gegart sind, gieße das Wasser ab und mische den Honig, das gebratene Gemüse und das Ingwerpulver gründlich unter.

4 Forme 4 Pattys und würze sie mit Salz und Pfeffer. Brate die Burger.

5 BURGER BAUEN: Bestreiche die untere Bun-Hälfte mit Ziegenkäse. Darauf eine Handvoll Spinatblätter, Burger, einen ordentlichen Berg Linsen und die obere Bun-Hälfte. Ein Burger nicht nur für Klugscheißer.

ITSY-BITSY-TEENY-WEENIE-YELLOW POLKA-DOT-ZUCCHINI-BURGER

STAFFEL 3, FOLGE 3: BOB FEUERT DIE KINDER

Mini-Rindfleisch-Burger, genannt Sliders, mit gebratenen Zucchini, gelber Paprika und einer Dill-Joghurt-Sauce. Passt gut zu Süßkartoffel-Pommes.

ERGIBT 6 SLIDERS, MIT JEDER MENGE SÜSSKARTOFFEL-POMMES

- Süßkartoffel-Pommes (siehe Seite 9)
- 500 g Rinderhack
- 2 Zucchini, in Scheiben geschnitten
- 1 EL Olivenöl
- 1 gelbe Paprika, gehackt
- 1 EL frischer Dill, gehackt
- 250 g Naturjoghurt
- 6 Slider Buns – halte nach Mini-Brioche-Buns Ausschau. (Brioche-Slider-Buns nennt man auch „Briochers". Ich meine, das tut man nicht wirklich, aber man sollte es.)

1 Folge der Anleitung auf Seite 9 und frittiere deine Süßkartoffel-Pommes. Würze sie und halte sie warm.

2 Forme das Fleisch in kleine Pattys. Weil Sliders Mini-Burger sind, sollte es mindestens 6 Pattys ergeben. Wie üblich sollten sie im Durchmesser größer sein als die Buns, da sie noch schrumpfen. Es ist aber auch in Ordnung, sie ein wenig dicker zu machen und die Vertiefung in der Mitte wegzulassen. Würze sie beidseitig mit Salz und Pfeffer und brate die Burger.

3 Brate die Zucchini kurz in Olivenöl an und sprenkle etwas Salz darüber. Brate sie bei mittlerer Hitze weiter, bis sie braun sind. Sie sollen aussehen wie ebenmäßig sonnengebräunt. Erinnerst du dich an Tom Selleck, August 1987? Genau so.

4 Gib den Joghurt in eine kleine Schüssel und mische die Paprika und den Dill darunter.

5 BURGER BAUEN: Untere Slider-Bun-Hälfte, gebratene Zucchini, Paprika-Joghurt-Dressing, obere Bun-Hälfte. Joghurt und Burger treffen nicht oft aufeinander, also kannst du dich dazu beglückwünschen, dass du sie zusammengebracht hast. Hoffen wir, dass alles gut läuft, denn sie haben es verdient, miteinander glücklich zu werden. Mit einem Berg Pommes servieren.

OBERE BUN-HÄLFTE
JOGHURT-DRESSING
ZUCCHINI
BURGER
UNTERE BUN-HÄLFTE

FACK-JU-GURKE-BURGER

STAFFEL 3, FOLGE 7: TINARANNOSAURUS REX

Gewürzgurken sind gut. Frittierte Gewürzgurken sind noch besser. Ein Burger mit frittierten Gewürzgurken ist das Beste, was die Welt je gesehen hat. Dieses Rinder-Patty wird mit köstlichen Dillgurken-Chips in scharfem Paprikamantel belegt und mit einer cremigen Majo-Ketchup-Chilisaucen-Kombi serviert. ERGIBT 4 BURGER

- Pflanzen- oder Rapsöl zum Frittieren
- 50 g Weizenmehl
- 50 g Maismehl
- 1 Ei
- 1 EL Old Bay Gewürzmischung (ersatzweise Italienische Kräutermischung)
- 1 TL Chiliflocken
- 1 kleines Glas Dill-Gurken in Scheiben (400 g)
- 4 Buns
- 100 g Mayonnaise
- 1 EL Frank's Red Hot Cayenne-Chilisauce (nach Belieben, ersatzweise eine andere scharfe rote Würzsauce deiner Wahl)
- 500 g Rinderhack
- grüne Salatblätter

1 Erhitze das Öl in einem tiefen Topf auf 175 °C. Mische das Weizenmehl in einer großen Schüssel mit dem Maismehl, der Kräuter- oder Gewürzmischung und den Chiliflocken.

2 Lass die Gurkenscheiben abtropfen und tupfe sie mit Küchenpapier trocken. Gib das Ei in eine kleine Schüssel und schlage es schaumig. Das ist dein Bindemittel. Tauche die Gurken in das Ei und wälze sie dann in dem gewürzten Mehl. Eintunken und wälzen, das hat was.

3 Frittiere die Gurkenscheiben in kleinen Mengen, bis sie goldbraun sind. Hol sie mit einem Schöpflöffel oder einem Sieb aus dem Öl. Überprüfe zwischendurch immer wieder, ob die Temperatur des Öls konstant bleibt.

4 Verrühre in einer Schüssel die Mayonnaise mit der Würzsauce und dem Ketchup. Schmecke die Mischung ab.

5 Forme das Hack zu 4 Pattys, würze sie auf beiden Seiten mit Salz und Pfeffer und brate sie.

6 BURGER BAUEN: Untere Bun-Hälfte, Salat, Burger, frittierte Gurkenscheiben, Mayonnaise-Mischung, obere Bun-Hälfte.

HEISSE-GUAVE-IN-SAINT-TROPEZ-BURGER

STAFFEL 3, FOLGE 10: MUTTER-TOCHTER-LASERRASIERER

Dieser süße Burger wird mit Bacon und einer fruchtigen Guaven-Barbecue-Sauce zubereitet. Noch süßer und fruchtiger wird er, wenn du ihn mit einem gegrillten Ananasring belegst. ERGIBT 4 BURGER

4 EL Tomatenmark
300 g Guavengelee
60 ml Rum
1 TL Worcestershire-Sauce
1 TL Tamari (oder Sojasauce)
1 EL gemahlener Ingwer
150 g Bacon
500 g Rinderhack
4 Buns
4 oder mehr Ananasringe (gut ½ cm dick)
grüne Salatblätter

1 Verrühre das Guavengelee bei schwacher Hitze in einem kleinen Topf mit dem Tomatenmark, dem Rum, der Worcestershire-Sauce und Tamari, bis es sich vollständig verflüssigt hat. Erhöhe auf mittlere Hitze und bring die Mischung zum Köcheln. Gib den Ingwer hinzu und rühre etwa eine Minute lang. Stell den Topf zur Seite.

2 Brate den Bacon im Backofen oder in der Pfanne.

3 Forme das Hack zu 4 Pattys, würze sie beidseitig mit Salz und Pfeffer und brate sie. Falls du die Burger mit Ananas zubereiten willst, leg die Ananasringe neben den Pattys auf den Grill oder in die Pfanne. Sie sollen ein wenig karamellisieren und heiß sein, am besten mit Grillstreifen. Grillstreifen rufen der Welt da draußen zu: „Hey, ich hab das gegrillt!"

4 BURGER BAUEN: Untere Bun-Hälfte, Salatblatt, Bacon, Burger, Guaven-Barbecue-Sauce, obere Bun-Hälfte.

CHILE-KÖCHE-VERDERBEN-DEN-BURGER

STAFFEL 3, FOLGE 17: DER TANZ UM TINA

Dieser Burger ist eine kleine Herausforderung – wie leise durch die Nase zu atmen –, aber er ist eindeutig köstlich. Mit Käse gefüllte, gegrillte und im Teigmantel frittierte Poblano-Chilis, auf einem Hamburger serviert, und das alles in einem getoasteten Bun. Es ist eine großartige Kombi, auch wenn es aussieht, als hätte sich eine Chili verlaufen und wäre auf einem Burger eingeschlafen. ERGIBT 4 BURGER

- 2 große Poblanos, halbiert und entkernt
- 4 Eier (Raumtemperatur)
- 200 g Monterey Jack
- Rapsöl zum Frittieren
- 500 g Rinderhack
- ½ TL Salz
- 1 EL Paprikapulver
- 2 TL gemahlener Kreuzkümmel
- 4 Buns
- grüne Salatblätter

1 Grille die Poblanos entweder im Ofen oder auf einem Grill, bis die Schale Blasen wirft. Stell sie zur Seite.

2 Gib so viel Öl in einen Topf, dass es später die Poblanohälften vollständig bedeckt, und erhitze es auf 175 °C.

3 Für den Teigmantel trenne die Eigelbe vom Eiweiß. Schlage das Eiweiß mit einem Handmixer steif. Verquirle in einer anderen Schüssel das Eigelb und ziehe das Eiweiß vorsichtig darunter.

4 Fülle die Poblanos mit Käse und wende sie im Eier-Teig. Die Schoten müssen rundum komplett mit Teig bedeckt sein, damit beim Frittieren die Füllung nicht ausläuft.

5 Lass die Poblano-Hälften vorsichtig in das Öl gleiten und frittiere sie, bis sie goldbraun sind.

6 Würze das Rinderhack mit Salz, Paprika und Kreuzkümmel und forme 4 Pattys. Brate deine Burger.

7 BURGER BAUEN: Untere Bun-Hälfte, Salat, Burger, frittierte Poblanos, obere Bun-Hälfte. Wenn dir das zu langweilig ist, kannst du die Zutaten auch in eine große Piñata stopfen. Wenn du die Piñata dann zerschlägst, landen die Zutaten auch irgendwo.

NARZISS-UND-MANGOLD-MUND-BURGER

STAFFEL 4, FOLGE 10: MAGISCHE TINA

Dieser köstliche Rinder-Burger präsentiert sich mit gedünstetem rotem Mangold, karamellisierten Zwiebeln und cremigem Ziegenkäse auf Baguette-Brötchen. Du wirst so begeistert von dem Zusammenspiel von Ziegenkäse und saftig gedünstetem Mangold sein, dass du ganz stolz auf dich bist. Wie Narziss. ERGIBT 4 BURGER

- 1 großes Bündel Mangold, die Strünke entfernt und die Blätter in grobe Streifen geschnitten
- 1 große Zwiebel, gehackt
- 2 EL Butter (aufteilen)
- 500 g Rinderhack
- 3 Knoblauchzehen, fein gehackt
- 4 EL Rotwein-Essig
- 1 Rolle Ziegenkäse (100–150 g, Raumtemperatur)
- 4 Baguette-Brötchen

1 Lass einen EL von der Butter bei mittlerer bis niedriger Temperatur in einer großen Pfanne zergehen. Dünste die Zwiebeln unter gelegentlichem Rühren darin, bis sie nach etwa 20 bis 30 Minuten ganz weich und goldbraun sind.

2 Forme das Hack zu 4 Pattys, salze und pfeffere sie auf beiden Seiten und brate oder grille sie wie immer.

3 Gib den restlichen EL Butter und den Knoblauch in eine Bratpfanne und erwärme sie bei mittlerer bis starker Hitze. Wenn der Knoblauch anfängt zu duften, gib den gesamten Mangold auf einmal hinzu. Woher weißt du, dass der Knoblauch soweit ist? Deine Küche duftet, als wäre gerade ein phantastischer Knoblauchsturm hindurchgefegt. Lass den Mangold zusammenfallen, bis die Blätter dunkelgrün, zart und feucht sind. Nimm die Pfanne vom Herd und mische den Essig unter Mangold und Knoblauch.

4 BESTREICHE DIE OBERE BUN-HÄLFTE DICK MIT ZIEGENKÄSE UND BAUE DEN BURGER: Untere Bun-Hälfte, Burger, gedünsteter Mangold, karamellisierte Zwiebeln, obere Bun-Hälfte.

ENOKI-DOKIE-BURGER

STAFFEL 4, FOLGE 15: DIE KINDER RAUBEN EINEN ZUG AUS

Dies ist ein Rindfleisch-Burger auf einem Bett aus frischem Babyspinat und mit in Soja-Ingwer-Brühe geschmorten Enoki-Pilzen und Karotten als Topping. Du kannst alternativ auch Thunfisch für den Burger nehmen, wenn dir dein Fischhändler den Thunfisch frisch durch den Wolf dreht. Du hast keinen Fischhändler? Leg dir einen zu. Wo willst du garantiert frischen Fisch herbekommen, wenn nicht vom Fischhändler? Enoki-Pilze sehen seltsam aus und ihr milder Geschmack ist schwer zu beschreiben, doch wenn die köstlichen asiatischen Aromen erst in sie eingedrungen sind, wirst du glauben, dass es die Enoki-Pilze sind, die normal aussehen, und *alles andere* komisch wirkt. ERGIBT 4 BURGER

- 1 EL Rapsöl
- 2 Karotten, geschält und in Stifte geschnitten
- 100 g Ingwer, gerieben oder fein gehackt
- 150 g Enoki-Pilze, gründlich gewaschen
- 75 ml Sake (japanischer Reiswein)
- 1 EL Sojasauce
- 500 g Rinder- oder Thunfischhack
- 1 Beutel Babyspinat
- 4 Buns

1 Erwärme auf mittlerer bis hoher Stufe in einer Bratpfanne das Rapsöl, dann gib die Karotten und den Ingwer hinein. Sobald es zu duften beginnt, füge die Enoki-Pilze hinzu und rühre den Sake und die Sojasauce unter. Lass alles köcheln, bis ein Großteil der Flüssigkeit verdampft ist. Stell die Pfanne zur Seite (an einen besonderen Ort).

2 Forme 4 Pattys aus dem Rinderhack, würze beide Seiten mit Salz und Pfeffer und brate die Burger, wie du es sonst auch tun würdest.

3 BURGER BAUEN: Untere Bun-Hälfte, Spinat, Burger, einen guten Löffel von der Pilz-Karotten-Mischung (die du von dem besonderen Ort geholt hast) und die obere Bun-Hälfte.

FRESSEN-FÜR-DIE-G-EIER-BURGER

STAFFEL 4, FOLGE 16: DIE WAHRSAGERIN

Dieses Rinder-Patty wird von Eiersalat gekrönt und auf einem Kaiserbrötchen serviert. Geschmack und Eiweiß. Das ist alles, was es zu diesem Burger zu sagen gibt. Punkt.

ERGIBT 4 BURGER

7 Eier
1 TL Essig
75 g Mayonnaise
1 TL Sud von süßsauren Gewürzgurken (aus dem Glas)
1 TL scharfer Senf
1 TL Paprikapulver
500 g Rinderhack
1 TL Pfeffer
grüne Salatblätter
4 Buns

1 Lege die Eier in einen mittelgroßen Topf mit kaltem Wasser. Gib ein wenig Salz und einen TL Essig hinzu. Erhitze den Topf ohne Deckel bei mittlerer bis starker Hitze, bis das Wasser kocht. Vom Herd nehmen und zugedeckt 10 Minuten ziehen lassen, dann das Wasser abgießen.

2 Sobald die Eier so weit abgekühlt sind, dass man sie anfassen kann (sie unter kaltes Wasser zu halten hilft. Noch cooler werden sie, wenn man ihnen kleine Sonnenbrillen aufmalt), schäle die Eier und löse das Eigelb aus dem Eiweiß. Hebe das Eiweiß für später auf. Gib die Eigelbe in eine mittelgroße Schüssel und zerdrücke sie mit einer Gabel, so fein es geht.

3 Füge die Mayonnaise hinzu, den Gurkensaft und den Senf. Verquirle das Ganze gründlich, sodass eine cremige Masse entsteht. Zuletzt rühre das Paprikapulver unter.

4 Hacke etwa ¾ des Eiweiß und rühre es in die Eier-Mayonnaise-Mischung. Mit Salz abschmecken. Das restliche Eiweiß kannst du essen oder wegwerfen (oder an Freunde verschicken).

5 Forme aus dem Fleisch 4 Pattys und würze beide Seiten mit Salz und Pfeffer, jedoch weniger als sonst. Brate die Burger wie üblich.

6 TOASTE DIE BUNS UND BAUE DEN BURGER: Untere Bun-Hälfte, Burger, Salat, eine ordentliche Portion Eiersalat, noch ein bisschen Paprikapulver, obere Bun-Hälfte.

HUMMUS-IM-HINTERN-BURGER

STAFFEL 4, FOLGE 18: DIE AMBRA

Ein Rindfleisch-Burger mit dem Besten von mediterranen Vorspeiseplatten: gegrillte rote Paprika und Hummus mit Knoblauch. Aber Achtung vor Kicher-Flashs! Weil Hummus doch aus Kichererbsen gemacht wird. Verstanden? Vergiss es. Optional kannst du für den Burger auch eine Mischung aus Rinderhack und Lamm-Kebab verwenden. ERGIBT 4 BURGER

- 2 große rote Paprika, entstielt, halbiert und entkernt
- 1 kleine Dose Cannellini-Bohnen (400 g)
- 1 kleine Dose Kichererbsen (400 g) ... Na? Spürst du schon etwas? Der Kicher-Flash-Witz war wirklich gut, aber vergiss es, wir belassen es dabei.
- 1 ½ TL Limettensaft
- 1 EL Knoblauch, gehackt
- 60 ml Olivenöl
- 2 EL Sesamöl (oder Tahini, wenn du welches hast)
- 1 TL Salz
- 1 TL schwarzer Pfeffer
- 500 g Rinderhack
- grüne Salatblätter
- 4 Buns

Rote Paprika zubereiten

1 Ofen auf 230 °C vorheizen.

2 Die Paprika 35 Minuten im Backofen grillen. Aus dem Ofen holen, in eine Schüssel geben, mit Plastikfolie abdecken und 20 Minuten lang ausdampfen lassen. Ziehe dann die Haut ab und schneide die Paprika in gut ½ cm breite Streifen.

Hummus zubereiten

1 Püriere die Bohnen und die Kichererbsen (ähem) mit dem Limettensaft, dem Knoblauch, dem Olivenöl, dem Sesamöl, dem Salz und dem Pfeffer in der Küchenmaschine oder mit dem Pürierstab, bis eine feine Paste entsteht.

Burger zubereiten

1 Forme aus dem Fleisch 4 Pattys, würze sie beidseitig leicht mit Salz und Pfeffer und bereite sie zu wie der Profi, der du bist.

2 BURGER BAUEN: Untere Bun-Hälfte, Salat, Burger, große Portion Hummus, ein paar gegrillte Paprikastreifen, obere Bun-Hälfte.

DURCH-DIE-BLUME-GEKOHLT-BURGER

STAFFEL 4, FOLGE 2: HALLOWEEN-HORROR

Du hast Hunger. Du hast einen *Riesenhunger*. Den brauchst du auch für diesen Burger aus Rindfleisch mit seinem üppigen, mild-scharf-cremigen Topping: Chilikäse, Salat, Tomate und ein mit Koriander und Kreuzkümmel raffiniert gewürztes Blumenkohlpüree.

ERGIBT 4 BURGER

- 1 Blumenkohl
- 1 großzügiger EL Olivenöl
- 125 ml Vollmilch
- 2 EL frischer Koriander, gehackt
- 1 EL gemahlener Kreuzkümmel
- 3 TL Limettensaft, frisch gepresst (aufteilen)
- 500 g Rinderhack
- 4 Scheiben Chilikäse
- 4 Buns
- grüne Salatblätter
- 1 große Tomate, in dicke Scheiben geschnitten

1 Heize den Backofen auf 200 °C vor. Wickle den Kopf Blumenkohl in ein sauberes Geschirrtuch und schlage ihn so lange auf die Arbeitsfläche, bis sich alle Röschen vom Stamm gelöst haben.

2 Verteile die Blumenkohlröschen auf einem Backblech und beträufele sie mit dem Olivenöl. Röste die Röschen 15 Minuten im Backofen, dann wende sie und gib sie weitere 15 Minuten in den Ofen.

3 Gib den Blumenkohl in eine große Schüssel und füge die Milch, den Koriander und den Kümmel hinzu. Stampfe die Zutaten, bis sie die Konsistenz von Kartoffelpüree haben. Rühre 1 TL Limettensaft unter.

4 Forme das Fleisch zu 4 Pattys, würze beide Seiten mit Salz und Pfeffer und brate die Burger. Während die Burger brutzeln, träufele etwas Limettensaft auf das Fleisch. Lass eine Scheibe Chilikäse auf jedem Burger schmelzen.

5 BURGER BAUEN: Untere Bun-Hälfte, Salat, Cheeseburger, Tomatenscheibe, Blumenkohlpüree, obere Bun-Hälfte. Wenn das Telefon klingelt, geh nicht hin ran. Iss einfach weiter. Also ehrlich, warum solltest du während des Essens ans Telefon gehen? Es gehört sich nicht. Sorry, ich wollte mich nicht aufregen, ich dachte nur, wir wollten in Ruhe zusammen essen.

HUMAN-POLENTA-PEDE-BURGER

STAFFEL 5, FOLGE 2: TINA UND DER ECHTE GEIST

Drei einzigartige, absolut leckere Slider (Fingerfood-Sandwiches), alle auf Polenta-„Buns". Erstens: ein Rinderhack-Slider mit einem Topping aus köstlichen gegrillten Kirschtomaten und Mozzarella, besprenkelt mit Olivenöl und Kräutern. Zweitens: ein gegrillter Portobello-Pilz mit einer Rotwein-Reduktion, Mozzarella und einer Schicht frischem Rucola. Drittens, und hiermit kehren wir zurück zum Fleisch: ein Rinderhack-Slider mit einem Dip aus cremigem Spinat und Artischocken. ERGIBT 4 PORTIONEN À 3 SLIDER

- 200 g Kirschtomaten
- 4 EL Olivenöl (aufteilen)
- 4 Zweige Rosmarin
- 2 Zweige Thymian
- 4 Knoblauchzehen, fein gehackt
- 250 ml Rotwein
- 2 EL Butter
- 200 g Frischkäse
- je 50 g Mayonnaise und Schmand
- 25 g geriebener Parmesan
- ½ TL Knoblauchpulver
- ¼ TL Cayennepfeffer
- 1 Beutel Blattspinat, grob gehackt
- 1 kleine Dose Artischockenherzen (400 g), grob gehackt
- 750 g Rinderhack
- 8 Portobello-Pilze, entstielt
- 1 EL Balsamico-Essig
- 2 Rollen Fertig-Polenta
- 1 Kugel Mozzarella, in Scheiben geschnitten
- 1 Beutel Rucola

1 Heize den Ofen auf 200 °C vor. Gib die Kirschtomaten mit 3 EL Olivenöl, 2 Rosmarinzweigen, 1 Thymianzweig und dem Knoblauch in eine kleine Auflaufform und röste sie 20 Minuten im Ofen (oder bis die Haut der Tomaten aufplatzt). Hebe die Tomaten mit einem Schaumlöffel in eine Schüssel. Gieße das Öl durch ein Sieb und hebe es für später auf.

2 Gib den Wein in einen kleinen Topf und füge die Butter und die restlichen Rosmarin- und Thymianzweige hinzu. Lass den Wein unter häufigem Rühren bei schwacher Hitze köcheln, bis sich die Flüssigkeit auf ¼ reduziert hat. Gieße sie durch ein Sieb und wirf die ausgekochten Zweige weg.

3 Erwärme den Frischkäse vorsichtig in einem kleinen Topf, bis er sehr weich wird. Gib die Mayonnaise, den Schmand, den geriebenen Parmesan, das Knoblauchpulver und den Cayennepfeffer hinzu und verrühre alles zu einem glatten Dip.

4 Lass den Spinat ohne Zugabe von Fett oder Wasser in einer Pfanne zusammenfallen. Die Blätter werden schnell weich und dünsten im eigenen Saft. Wende die Blätter vorsichtig mit einer Zange, damit alle mit der Pfanne in Berührung kommen. Mische den Spinat unter den Frischkäse-Dip.

5 Erwärme die Artischockenherzenstücke in derselben Pfanne und hebe sie unter die Spinat-Käse-Mischung. (Anmerkung: „Arti Schocke" wäre ein guter Name für einen Performance-Künstler.) Verrühre alles gut mit einem Handmixer.

6 Forme aus dem Rinderhack 8 kleine Slider-Pattys und würze sie beidseitig mit Salz und Pfeffer. Brate sie wie üblich.

7 Brate die Portobello-Pilze in dem restlichen Olivenöl und dem Balsam-Essig in einer Bratpfanne an.

8 Schneide die Polenta in 24 Scheiben (2 cm dick). Grille sie oder brate sie mit ein wenig Öl in einer Pfanne, bis sie braun sind (etwa 5 Minuten pro Seite).

9 BURGER BAUEN:

- Polenta-Scheibe als untere Bun-Hälfte, Slider, gegrillte Kirschtomaten, Mozzarella, etwas von dem zur Seite gestellten Öl aus der Auflaufform, Polenta-Scheibe als obere Bun-Hälfte.

- Polenta-Scheibe, Rucola, Portobello-Pilze, Mozzarella, Rotwein-Sauce, Polenta-Scheibe.

- Polenta-Scheibe, Slider, Spinat-Artischocken-Dip, obere Polenta-Bun-Hälfte. („Polenta Bun" wäre übrigens auch ein guter Künstlername – in gewissen Tanzsparten jedenfalls.)

PASTINAKISCHE-REISE-BURGER

STAFFEL 5, FOLGE 3: FREUNDE MIT GEWISSEN BURGERN

Ein Rinder-Slider auf Baguette mit Alfalfa-Sprossen, Blauschimmelkäse-Aioli (eine abgehobene Bezeichnung für abgehobene Mayonnaise) und einem Klacks Dijon-Senf. Die Beilage besteht aus Rosmarin-Lavendel-Pastinaken-Pommes. ERGIBT 8 SLIDER UND GENUG PASTINAKEN-POMMES FÜR ALLE

- 6 Pastinaken (oder mehr, nach Belieben), geschält und zu Pommes geschnitten
- 2 TL Kräuter der Provence
- 1 TL getrockneter Lavendel
- 1 EL Olivenöl
- 50 g Blauschimmelkäse
- 50 g Mayonnaise
- 500–750 g Rinderhack
- 1 Baguette (am besten per Fahrrad geliefert)
- 75 g Alfalfa-Sprossen

1 Ofen auf 200 °C vorheizen. Wende die Pastinaken in einer großen Schüssel in den Kräutern der Provence, dem Lavendel und dem Olivenöl und breite sie auf einem Backblech aus. Gib die Pastinaken-Pommes 10 bis 15 Minuten in den Ofen, bis die ersten braunen Flecken auftreten. Deswegen brauchst du nicht gleich den Dermatologen holen – das ist normal und Dermatologen behandeln keine Pastinaken. Wende die Pommes und schiebe das Blech für weitere 10 bis 15 Minuten in den Ofen, dann stell sie zur Seite.

2 Den Blauschimmelkäse kannst du entweder in einem kleinen Topf schmelzen lassen und dann mit der Mayonnaise verrühren oder du kannst ihn kalt zerbröckeln und unterrühren.

3 Forme 8 Pattys mit dem Durchmesser des Baguette, würze sie beidseitig mit Salz und Pfeffer und brate sie wie immer.

4 Schneide das Baguette in 16 Scheiben. Bestreiche 8 Scheiben mit der Blauschimmelkäse-Aioli und die anderen 8 mit Dijon-Senf.

5 SLIDER-BURGER BAUEN: Baguette-Scheibe mit Senf, Slider-Burger, Alfalfa-Sprossen, Aioli-Scheibe. Mit den Pastinaken-Pommes servieren.

OBERE BUN-HÄLFTE
SCHWARZER-KNOBLAUCH-MAYO
MOZZARELLA
BURGER
BABYSPINAT
UNTERE BUN-HÄLFTE

SETZE-ALLES-AUF-SCHWARZEN-KNOBLAUCH-BURGER

STAFFEL 5, FOLGE 5: DER BESTE BURGER

Gewinner, Gewinner, Burger-Dinner! Dieser Rinder-Burger wird auf Spinat gebettet und zugedeckt mit einem Topping aus Mozzarella, Tomaten, selbst gemachter Schwarzer-Knoblauch-Mayonnaise und ein paar Tropfen scharfer Sriracha-Sauce. Schwarzer Knoblauch ist weich und gummiartig, unglaublich süß mit einem erdigen Aroma – und man braucht kein Schwein, um ihn zu finden (das wären dann Trüffel). Schwarzen Knoblauch findet man in gut sortierten Supermärkten und online. ERGIBT 4 BURGER

1 Knolle schwarzen Knoblauch, geschält
100 g Mayonnaise
Salz
Sriracha-Sauce
500 g Rinderhack
Schwarzer Pfeffer
1 Kugel Mozzarella, in Scheiben geschnitten
1 Beutel Babyspinat
4 Buns

1 Püriere den schwarzen Knoblauch. Mische die Mayonnaise darunter und ¼ TL Salz – bei Bedarf auch etwas mehr. Diese Mayonnaise wird sehr scharf. Gib so viel Sriracha-Sauce hinzu, wie du magst.

2 Forme aus dem Rinderhack 4 Pattys, die etwas größer und flacher als gewöhnlich sind. Würze sie nur leicht mit Salz und Pfeffer. Brate die Burger wie üblich. Decke die Pfanne ab oder setze ein Alufolienzelt über die Burger, um den Mozzarella auf ihnen zu schmelzen.

3 BURGER BAUEN: Untere Bun-Hälfte, eine Handvoll Babyspinat, Cheeseburger, Schwarzer-Knoblauch-Sriracha-Mayonnaise, obere Bun-Hälfte.

MANCHE-MÖGEN'S-MAIS-BURGER

STAFFEL 1, FOLGE 3: DIE HEILIGE KUH

Dieser Rinder-Burger wird auf Kaiserbrötchen mit süßer Mais-Salsa serviert. Die Süße der Mais-Salsa ergibt einen schmackhaften Kontrast zum Taco-Gewürz. Außerdem läuft und tropft die Salsa überall runter. Unser Rat? Entspann dich und genieße sie sowohl auf dem Burger als auch da, wo sie landet. Oder du lässt einfach Käse auf deinen Pattys schmelzen, der die Salsa an ihrem Platz hält – wie ein cremiger Autositz für deine Mais-Salsa. ERGIBT 4 BURGER, PLUS ZUSÄTZLICHE MAIS-SALSA

500 g Rinderhack

200 g Queso fresco (ein milder, krümeliger Frischkäse aus Mexiko. Ersatzweise nimm milden Feta, den du auch mit Hüttenkäse oder Ricotta mischen kannst)

4–6 EL Taco-Gewürzmischung

1 kleine Dose Mais (400 g). Noch besser sind 2 frische Maiskolben. Ganz genial wäre frischer weißer Zuckermais, aber gelber Mais tut es auch.

½ Zwiebel, gehackt

Butter

1 kleine Dose Tomaten in Stücken (400 g). Auch hier gilt: frisch ist noch besser. 500 g Tomaten ergeben die richtige Menge.

½ TL Salz

1 EL Pfeffer

1 Beutel Rucola

8 Kaiserbrötchen

1 Würze das Fleisch mit der Taco-Gewürzmischung und forme 4 Pattys. Zur Seite stellen.

2 Wenn du frischen Mais nimmst, koche ihn zuerst (die Kolben putzen und 3 bis 5 Minuten in einen großen Topf mit Salzwasser legen, dann herausnehmen. Sobald sie genug abgekühlt sind, dass man sie anfassen kann, die Körner mit einem Messer ablösen). Gib die Maiskörner in eine nicht gefettete Bratpfanne und röste sie bei starker Hitze, bis der Mais anfängt, sich dunkel zu verfärben. Fülle ihn in eine große Schüssel um.

3 Gib die Zwiebeln mit etwas Butter in die Pfanne und dünste sie auf mittlerer Hitze glasig. Füge die Tomatenwürfel hinzu und lass sie heiß werden, dann gib den Mais hinein und rühre gut um. Würze mit Salz und Pfeffer.

4 Brate die Pattys wie immer. Wenn du deinen Burger als Cheeseburger machen willst, gib den Käse kurz vor Schluss auf die Burger und decke ihn mit einem Deckel oder mit einem Zelt aus Alufolie ab, damit er besser schmilzt.

5 BURGER BAUEN: Untere Brötchenhälfte, Burger und Rucola, ein großer Löffel Mais-Salsa, obere Brötchenhälfte. Pass auf! Die Mais-Salsa ist gleich überall! Versteck dich unter dem Tisch! Nein, war nur ein Witz, alles gut.

007-OKRA-PUSSY-BURGER

STAFFEL 1, FOLGE 9: SPAGHETTIWESTERN MIT HACKBÄLLCHEN

Gegrillte grüne Tomaten und ein selbst gemachtes Dill-Ranch-Dressing veredeln diesen würzigen Rinder-Burger auf einem gebutterten, heißen Bun. Die Schärfe von schwarzem, weißem und Cayennepfeffer wird durch die Cremigkeit des Dressing mit frischem Dill abgemildert – wie das Happy End eines Bond-Films. Dazu gibt es frittierte Okto- ... ähem, Okra. ERGIBT 4 BURGER, PLUS JEDE MENGE FRITTIERTE OKRA

- 500 ml Buttermilch (bei Bedarf auch mehr)
- 100 g Mayonnaise (bei Bedarf auch mehr)
- 2–3 EL frischer Dill, gehackt (nach Belieben, je nachdem, wie sehr du Dill magst)
- Pflanzen- oder Rapsöl zum Frittieren
- 4–5 grüne Tomaten, in Scheiben geschnitten (gut ½ cm dick)
- 500 g Okra, in Scheiben geschnitten (gut ½ cm dick)
- 150 g Mehl
- 50 g Maismehl
- Salz
- 2 ½ TL gemahlener schwarzer Pfeffer
- 1 TL Cayennepfeffer
- 1 ½ TL Zwiebelpulver (aufteilen)
- 500 g Rinderhack
- ½ TL gemahlener weißer Pfeffer
- 4 Buns
- Kopf- oder anderer grüner Blattsalat

Ranch-Dressing zubereiten

1 In einer Schüssel die Hälfte der Buttermilch mit der Mayonnaise verquirlen. Wenn das Dressing zu flüssig ist, gib noch mehr Mayonnaise hinzu; ist es zu dick, nimm mehr Buttermilch. Füge ½ TL Salz hinzu, 1 TL schwarzen Pfeffer und den gehackten Dill. Alles gut vermischen.

Tomaten und Okra frittieren

1 Gib das Öl in einen hohen Topf und erhitze es auf 175 °C. Mische das Mehl und das Maismehl in einer großen Schüssel. Gib je ½ TL Salz und schwarzen Pfeffer hinzu und je 1 TL Cayennepfeffer und Zwiebelpulver.

2 Erst die Tomaten: Gib die restliche Buttermilch in eine flache Schale, wende die Tomaten darin und wälze sie dann in der Mehlmischung. (Die Buttermilch nicht wegschütten; du brauchst sie noch für die Okra!) Frittiere die Tomaten, bis sie hellbraun sind. Hole sie mit einem Schaumlöffel aus dem Öl und lass sie auf Küchenpapier abtropfen.

3 Nun die Okra: Gib sie in die Buttermilch und wälze sie in der Mehlmischung. Frittiere sie, bis sie eine goldbraune Farbe annehmen. Nimm sie mit einem Schaumlöffel heraus und lass sie auf Küchenpapier abtropfen.

Burger zubereiten

1 Würze das Fleisch mit ½ TL Salz, 1 TL schwarzen Pfeffer, dem restlichen ½ TL Zwiebelpulver und weißem Pfeffer. Forme vorsichtig 4 Pattys. Brate sie so, wie es dir am liebsten ist.

2 BURGER BAUEN: Untere Bun-Hälfte, Salat, Burger, frittierte Tomaten, Ranch-Dressing, obere Bun-Hälfte. Die frittierten Okra werden als Beilage gereicht, mit noch mehr Ranch-Dressing obenauf. Zu viel Ranch-Dressing? So was gibt es nicht. Niemals.

MÄNNER-DIE-AUF-ZIEGENKÄSE-STARREN-BURGER

STAFFEL 1, FOLGE 4: SEXY TANZ-KAMPFKUNST

Die Ziegenkäsezubereitung – ein cremiger Aufstrich mit Kräutern, Gurken und Tomaten – ist das, was diesen Burger ausmacht. Die Gurken und Tomaten geben dem Ziegenkäse Frische und Biss; Knoblauch, Kräuter und Gemüse verleihen dem Burger mediterranes Flair. Iss diesen Burger, während du Zeit in Santorini totschlägst. Der restliche Ziegenkäseaufstrich schmeckt auch fabelhaft auf getoastetem Bagel. Iss den Bagel, wenn du Zeit zu Hause totschlägst. ERGIBT 4 BURGER

- 1 Rolle Ziegenkäse (100–150g, Raumtemperatur)
- je 1 TL frischer Salbei, Thymian und Rosmarin, gehackt
- 2 TL frischer Oregano, gehackt
- 50 g Mayonnaise
- 1 Salatgurke, eine Hälfte in Scheiben geschnitten, die andere Hälfte in Würfel
- 2 Tomaten, entkernt und fein gewürfelt
- 2 Knoblauchzehen, fein gehackt
- 500 g Rinderhack
- 4 Kaiserbrötchen
- ½ rote Zwiebel, in Scheiben geschnitten

1 Verrühre den Ziegenkäse gründlich mit den Kräutern und der Mayonnaise. Rühre je 3 gehäufte EL gehackte Gurke und Tomate unter (du kannst auch mehr nehmen, wenn du magst).

2 Knete den Knoblauch unter das Fleisch und forme 4 Pattys. Würze sie beidseitig mit Salz und Pfeffer und brate deine Burger.

3 BURGER BAUEN: Untere Brötchenhälfte, Burger, Ziegenkäse-Aufstrich, Zwiebelscheiben, Gurkenscheiben, obere Brötchenhälfte – und los!

MAD-MAX-CURRY-ROAD-BURGER

STAFFEL 1, FOLGE 10: BURGER-KRIEG

Dieser Rinder-Burger wird überhäuft mit köstlichem Kokos-Curry und frischen Frühlingszwiebeln und thront auf einem leicht gerösteten Kartoffel-Bun. Du kannst das auch mit einem Puten- oder Lamm-Burger probieren. Der Burger ist so verrückt wie sein Name. Mad! So ... ja. Echt verrückt. Übrig gebliebene Curry-Sauce passt super zu Pommes. ERGIBT 4 BURGER

- **½ TL Kokosöl**
- **2 Knoblauchzehen, fein gehackt**
- **4 EL Zwiebeln, fein gehackt**
- **3 TL Currypulver**
- **¼ TL Salz**
- **2 TL gemahlener Ingwer**
- **1 TL Cayennepfeffer (nach Belieben)**
- **½ TL gemahlenes Kurkuma**
- **1 kleine Dose Kokosmilch (400 ml)**
- **125 ml Gemüsebrühe**
- **150 g Naturjoghurt oder Schmand**
- **500 g Rinderhack**
- **4 Buns**
- **1 Bund Frühlingszwiebeln, in dünne Ringe geschnitten**

1 Dünste in einer Bratpfanne den Knoblauch und die gehackten Zwiebeln bei mittlerer Hitze im Kokosöl. Rühre beständig, bis die Zwiebeln weich und glasig sind. Glasig heißt „fast durchsichtig". Mad Max würde wohl sagen „so klar wie das wertvollste Wasser, das du kriegen kannst", oder etwas in der Art.

2 Gib Curry, das Salz, Ingwer, Cayennepfeffer und Kurkuma mit der Kokosmilch und der Brühe zu den Zwiebeln. Sobald die Mischung zu köcheln beginnt, drehe die Hitze auf mittlere bis niedrige Stufe herunter. Lass das Curry 10 Minuten unter Rühren einkochen, bis es leicht eindickt. Gib mehr Gewürze hinzu, wenn du möchtest. Abkühlen lassen.

3 Gib den Joghurt in eine Schüssel und rühre 250 ml Curry unter, um eine dicke, cremige Sauce zu erhalten.

4 Forme 4 Pattys, würze sie beidseitig mit Salz und Pfeffer und brate sie wie sonst auch.

5 BURGER BAUEN: Untere Bun-Hälfte, Burger, Joghurt-Kokos-Curry-Sauce, Frühlingszwiebelringe, obere Bun-Hälfte.

PAPAYA-WAS-A-ROLLING-STONE-BURGER

STAFFEL 2, FOLGE 4: BURGERBOSS

Ein Sriracha-Burger mit Papaya-Salsa als Topping. Der hier ist scharf, also halte ein Getränk bereit. Das ist generell ein guter Rat – man sollte immer viel trinken. ERGIBT 4 BURGER

150 g Papaya, gewürfelt
100 g Mango, gewürfelt
100 g Avocado, gewürfelt
100 g rote Zwiebeln, gewürfelt
¼ TL Cayennepfeffer
2 cl Orangensaft (ein Schnapsglas voll – damit hattest du nicht gerechnet, oder?)
2 TL frische Minze, gehackt (optional)
2 TL Koriander, gehackt (optional)
2 EL Sriracha-Sauce (oder Tabasco)
500 g Rinderhack
4 Buns
grüne Salatblätter

1 Vermische in einer großen Schüssel gründlich die Papaya, Mango, Avocado, die roten Zwiebeln, den Cayennepfeffer, den Orangensaft, sowie – falls du sie verwenden willst – die Minze und den Koriander. Stelle deine Papaya-Salsa in den Kühlschrank.

2 Mische die Sriracha unter das Rinderhack, würze es mit Salz und Pfeffer und forme 4 Pattys. Brate deine Burger.

3 BURGER BAUEN: Untere Bun-Hälfte, Salat, Burger, Papaya-Salsa, obere Bun-Hälfte. Er ist scharf. Superscharf. Und er gehört dir.

ZWIEBEL-UNGEN-BURGER

STAFFEL 2, FOLGE 9: BIGFOOT

Dieses Rinder-Patty wird mit italienischen Kräutern wie Thymian, Oregano, Rosmarin und Majoran gewürzt. Als Topping gibt es karamellisierte Zwiebeln und Ziegenkäse und das Ganze wird auf einem Zwiebelbrötchen serviert. Das ist richtig, du hast endlich einmal Gelegenheit, Majoran zu kaufen und herauszufinden, was das ist. Es ist ein Gewürz. ERGIBT 4 BURGER

- 2 EL Butter
- 2 große Zwiebeln, grob gehackt
- 500 g Rinderhack
- 2 EL Italienische Kräutermischung
- 4 Zwiebelbrötchen
- 1 Rolle Ziegenkäse (100–150 g, Raumtemperatur)
- 1 Beutel Salatmischung

1 Butter in einer großen Pfanne bei mittlerer bis schwacher Hitze schmelzen lassen. Zwiebeln hinzugeben und umrühren. Auf schwacher Hitze unter gelegentlichem Rühren etwa 30 Minuten dünsten, bis die Zwiebeln weich und tief goldbraun sind.

2 Würze das Fleisch mit der Kräutermischung, Salz und Pfeffer und forme 4 Pattys. Brate die Burger.

3 Schneide die Brötchen auf und toaste sie. Streiche den Ziegenkäse auf die obere Brötchenhälfte – oder was du sonst damit bestrichen haben willst. Kleidung und Haustiere eignen sich weniger gut.

4 BURGER BAUEN: Untere Brötchenhälfte, Salatmischung, Burger, ein großer Haufen karamellisierte Zwiebeln, obere Brötchenhälfte mit dem Ziegenkäse. Es empfiehlt sich, danach einen Mundschutz zu tragen, vielleicht eine Halloween-Maske.

GRUYÈRES-ANATOMY-BURGER

STAFFEL 3, FOLGE 3: BOB FEUERT DIE KIDS

Dieser würzige Burger verbindet die glorreichen Aromen französischer Zwiebelsuppe mit dem Geschmack eines echt amerikanischen Hamburgers, gekrönt von einer Haube aus karamellisierten Zwiebeln und Gruyère. Das Bun wird vor dem Toast(en) dick mit Sauce überzogen, so wie du bei deiner Hochzeit. Cornichon-Scheiben sind optional, aber empfohlen. ERGIBT 4 BURGER

- 1 EL Butter
- 1 große Zwiebel, grob gehackt
- 1 Packung Bratensauce
- 1 Tüte Französische Zwiebelsuppe
- 500 g Rinderhack
- 4 Buns
- 100 g Gruyère (Greyerzer), gerieben
- milde Cornichons

1 Bring die Butter in einer großen Pfanne bei mittlerer bis schwacher Hitze zum Schmelzen. Gib die Zwiebeln hinzu und rühre um. Dünste sie unter gelegentlichem Rühren bei eher niedriger Temperatur, bis sie nach 20 bis 30 Minuten sehr weich sind und eine tiefe goldbraune Farbe haben.

2 Bereite die Fertigsauce zu. Wenn du eine selbst gemachte Sauce zur Hand hast, ist das großartig. Aber gib nicht damit an; nicht jeder hat so etwas zu Hause herumfliegen. Also, wenn du keine hast, muss dir das nicht peinlich sein. Mach einfach die Packung auf und rühre den Inhalt in einem kleinen Topf in die angegebene Menge heißes Wasser ein, lass die Sauce kurz aufkochen und fertig. Stell sie zur Seite.

3 Verknete den Zwiebelsuppen-Mix aus der Tüte mit dem Rinderhack und forme 4 Pattys. Das Salzen und Pfeffern entfällt diesmal. Brate die Burger, wie du es immer tust.

4 Bevor die Burger fertig gegart sind, gib eine Ladung karamellisierte Zwiebeln und geriebenen Gruyère darauf. Die Pfanne mit einem Deckel oder die Burger mit einem Zelt aus Alufolie abdecken und warten, bis alles zu weicher Köstlichkeit verschmolzen ist. Es macht Spaß, sich einzureden, man wäre mit seinem Burger beim Zelten. Vielleicht kann man dem Burger sogar eine Geistergeschichte erzählen, solange er im Zelt ist. Aber keine, die zu gruselig ist.

5 Und dieser Schritt ist entscheidend: Gib etwas von der Sauce auf einen Teller, und lege die Buns für ein paar Sekunden hinein. Tauche sie nicht vollständig hinein; lass nur die Seiten etwas Sauce aufsaugen, die nachher mit dem Burger in Berührung kommen. Danach toastest du die Buns.

6 BURGER BAUEN: Untere, mit Sauce getränkte Bun-Hälfte, Burger mit karamellisierten Zwiebeln und Käse, Cornichon-Scheiben, wenn du magst (und das solltest du), dann die obere, mit Sauce aromatisierte Bun-Hälfte.

TEXAS-CHAIN-SLAW-MASSACRE-BURGER

FOLGE 9: DER GEIST DER WEIHNACHT

Ein Rinder-Patty (nicht Texas-Style, auch wenn der Name danach klingt), mit Worcestershire-Sauce gewürzt, mit geschmolzenem Jalapeño-Havarti und selbst gemachtem Coleslaw obenauf und auf einem süßen Zwiebelbrötchen serviert. ERGIBT 4 BURGER

- 1 Eigelb
- ½ TL Salz
- ½ TL mittelscharfer Senf
- 2 TL Zitronensaft
- 1 EL Rotwein-Essig
- 250 ml Rapsöl
- je ¼ Kopf Rotkohl und Weißkohl, in feine Streifen geschnitten
- 3 große Karotten, in feine Stifte geschnitten
- 1 EL Zucker
- 2 EL Worcestershire-Sauce
- 500 g Rinderhack
- 4 Scheiben Jalapeño-Havarti-Käse
- 4 Zwiebelbrötchen

Mayonnaise zubereiten

1 Gib das Eigelb in eine große Schüssel und verquirle es mit dem Salz und dem Senf.

2 Mische in einer zweiten Schüssel den Zitronensaft mit dem Essig. Die Hälfte davon kommt in die Schüssel mit dem Ei und dem Senf und wird gut verquirlt. Hör nicht auf mit dem Rühren. Nun gib langsam (und ich meine *langsam*, Tropfen für Tropfen für Tropfen) das Öl hinzu. Immer tüchtig weiterrühren. Wenn die Mischung allmählich fest wird, kannst du das Öl ein wenig schneller hineinträufeln (*träufeln*, nicht gießen).

3 Sobald du die Hälfte des Öls untergerührt hast, gib die restliche Essig-Zitronensaft-Mischung hinzu. Hör nicht mit dem Verquirlen auf! Lass das restliche Öl nach und nach hineinträufeln und rühre, bis die Mayonnaise andickt und glänzt. Sie wird etwas dünnflüssiger sein als Mayonnaise aus dem Laden – das macht nichts. Sie kommt ohnehin in eine Schüssel mit Kohl.

Coleslaw zubereiten

1 Mische die Mayonnaise in einer großen Schüssel mit dem geraspelten Kohl und den Karotten, bis alles mit Flüssigkeit bedeckt ist. Wie stark bedeckt? Das entscheidest du, vielleicht je nach Jahreszeit. Gib den Zucker und ein paar Prisen Salz hinzu und vermische noch einmal alles gründlich. Schmecke den Coleslaw-Salat ab. Wenn noch Essig fehlt, gib ihn teelöffelweise hinzu.

Burger zubereiten

1 Mische die Worcestershire-Sauce, Salz und Pfeffer unter das Rinderhack. Die Würze soll sich gut im Hack verteilen, aber knete es nicht zu lange, sonst werden die Burger zäh und ziehen Wasser. Nur sehr, sehr wenige Leute mögen das.

2 Forme deine Pattys und brate sie wie gewöhnlich. Ganz am Schluss legst du den Käse darauf und deckst die Burger ab, damit er schneller schmilzt.

3 BURGER BAUEN: Untere Bun-Hälfte, Cheeseburger, eine Ladung Coleslaw, obere Bun-Hälfte. Hier hast du dein „Top Bun", *Maverick*.

OBERE BUN-HÄLFTE
LIMETTENSAFT
ZWIEBELN, PAPRIKA
UND TOMATEN
AVOCADOSCHEIBEN
BURGER
UNTERE BUN-HÄLFTE

SWEET-HOME-AVOCADO-BURGER

STAFFEL 4, FOLGE 18: DIE AMBRA

Dieses Rinder-Patty bekommt eine süße Limettenmarinade verpasst und ein Topping aus frischer Avocado, milden Zwiebeln, Tomaten, Paprika und, falls du welche auftreiben kannst, Stevia-Blättern. Stell dir vor, wie knackiges Gemüse auf spritzige Limette trifft. Addiere dann einen Burger. Subtrahiere alles, was sauer machen könnte. Was sind Steviablätter, willst du wissen? Stevia ist eine Pflanze, die seit Jahrhunderten in Brasilien und Paraguay verwendet wird. Es heißt, sie sei kalorienfrei und 200- bis 300-mal so süß wie Zucker. Genau wie du. ERGIBT 4 BURGER

- 250 ml Limettensaft, frisch gepresst
- 150 g Honig
- Salz
- 500 g Rinderhack
- Pfeffer
- 1 Gemüsezwiebel, gehackt
- 3 Roma-Tomaten, entkernt und gehackt
- 1 Paprika, gehackt
- 15 g Stevia-Blätter, gehackt (optional, aber empfohlen)
- 1 TL Olivenöl
- 4 Vollkorn-Buns
- 2 Avocados, halbiert, entsteint, geschält und in Scheiben geschnitten

1 Erwärme den Limettensaft, den Honig und 1 TL Salz auf mittlerer Hitze in einem kleinen Topf, bis sich alles aufgelöst hat. Lass die Mischung abkühlen. Das dauert eine Weile, bleib cool.

2 Lege das Hackfleisch in knapp 200 ml der Limetten-Honig-Mischung und mariniere es mindestens 1 Stunde im Kühlschrank. Die restliche Limetten-Mischung brauchst du nachher für die fertigen Burger.

3 Hebe das Hack aus der Marinade, forme 4 Pattys und würze sie mit Salz und Pfeffer. Brate die Burger, wie du es sonst auch tun würdest.

4 Währenddessen mischst du in einer Schüssel die Zwiebeln, Tomaten, Paprika und die Stevia-Blätter, falls du welche hast, mit dem Olivenöl und einer Prise Salz.

5 BURGER BAUEN: Untere Bun-Hälfte, Burger, Avocado-Scheiben, ein Häufchen Gemüse, 1 EL von der zurückgehaltenen Limetten-Honig-Mischung, obere Bun-Hälfte ... und fertig.

ARTISCHOCK-THERAPIE-BURGER

STAFFEL 3, FOLGE 14: SCHÖNEN VALENTINSTAG

Ein Rinder-Patty, gewürzt mit Knoblauch, darauf Artischocken, geschmorte Tomaten und Parmesan, und das Ganze in ein getoastete Zwiebelbrötchen gepackt. Ein kunstvoller Genussschock für die Sinne. ERGIBT 4 BURGER

- 1 kleine Dose geschälte Tomaten (400 g)
- 1 kleine Dose Artischockenherzen (400 g)
- 4 Knoblauchzehen, fein gehackt (aufteilen)
- 2 TL Olivenöl
- je ¼ TL getrockneter Oregano, Thymian und Majoran
- schwarzer Pfeffer
- 50 g Parmesan, gerieben
- 500 g Rinderhack
- 4 große Zwiebelbrötchen

1 Lass die Tomaten und Artischocken abtropfen. Viertele die Tomaten und hacke die Artischocken grob.

2 In einer Pfanne mit Olivenöl die Hälfte des Knoblauchs mit den Artischockenherzen vermischen. Auf mittlerer bis starker Hitze dünsten, bis es duftet, dann die gewürfelten Tomaten mit dem Oregano, Thymian, Majoran und etwas schwarzem Pfeffer hinzugeben. Hebe den Parmesan unter und bring ihn zum Schmelzen, dann stell die Pfanne zur Seite.

3 Mische den restlichen Knoblauch unter das Hackfleisch und forme 4 Pattys. Salze und pfeffere sie und brate sie wie immer.

4 TOASTE DIE BRÖTCHEN UND BAUE DIE BURGER: Untere Brötchenhälfte, Burger, eine große Portion der Käse-Artischocken-Tomaten-Mischung, obere Brötchenhälfte. Mehr brauchst du nicht im Sortiment. Aber du brauchst ein Kompliment. Das tun wir alle. Es liegt in der menschlichen Natur. Für diesen Schockgenuss heute hast du extra Anerkennung verdient.

KÜMMEL-VON-DER-ERSTEN-BANK-BURGER

STAFFEL 4, FOLGE 18: DIE AMBRA

Ein scharf gewürzter Burger mit einer würzigen Koriander-Limetten-Mayonnaise. Der hier ist so einfach, du brauchst die Zutaten noch nicht einmal exakt abzuwiegen – wirf einfach wild damit um dich, als wärst du ein großes Kleinkind, das man aus irgendwelchen Gründen an den Herd gelassen hat. Und im Zweifelsfall immer noch etwas mehr Kreuzkümmel nehmen. ERGIBT 4 BURGER

- 3 EL gemahlener Kreuzkümmel
- 500 g Rinderhack
- 2 Jalapeños, entkernt und gewürfelt
- 100 g Mayonnaise
- 1 EL und 1 TL Limettensaft, frisch gepresst (aufteilen)
- 15 g frischer Koriander, gehackt
- 1 reife Avocado
- 4 Buns
- Rucola
- 1 große Tomate, in Scheiben geschnitten

1 Mische den Kreuzkümmel, eine Prise Salz und Pfeffer unter das Rinderhack. Gib die Jalapeño-Würfel hinzu und forme 4 Pattys. Brate die Burger so wie sonst auch.

2 Vermische die Mayonnaise, 1 EL Limettensaft und den Koriander in einer Schüssel.

3 Halbiere und entsteine die Avocado vorsichtig. Zieh die Schale ab und schneide die Avocado in Scheiben. Träufle den restlichen TL Limettensaft darüber.

4 STREICHE DIE MAYONNAISE AUF DIE OBERE BUN-HÄLFTE UND BAUE DEN BURGER: Untere Bun-Hälfte, Rucola, Tomate, Burger, Avocado, obere Bun-Hälfte mit Mayonnaise. Oder wähle einfach irgendeine verrückte Reihenfolge, und wenn sich die Leute beschweren, nenne ihnen nur den Namen des Burgers, dann geht ihnen ein Licht auf.

KAMPF-UM-ROMANA-BURGER

STAFFEL 5, FOLGE 3: FREUNDE MIT GEWISSEN BURGERN

Ein mit Sardellenpaste gepimptes Patty auf knackigem Romana-Salat mit einem Topping aus selbst gemachtem Caesar-Dressing – dieser Burger schmeckt genau wie ein Caesar-Salat und ist überraschend lecker. ERGIBT 4 BURGER, AUSREICHEND FÜR 4 ESSER VOM GEMEINEN VOLK ODER 1 HUNGRIGEN IMPERATOR

- **1 Glas Sardellenfilets in Salzlake (80 g). Frag deine Tante Joyce, wo man die bekommt.**
- **2 TL Knoblauch, fein gehackt**
- **1 TL Dijon-Senf**
- **1 TL Worcestershire-Sauce**
- **250 g Mayonnaise**
- **50 g Parmesan-Käse, fein gerieben**
- **3 EL Zitronensaft**
- **1 EL Olivenöl**
- **500 g Rinderhack**
- **4 Buns**
- **1 Kopf Romana-Salat, die Blätter gehackt**

1 Gib die Sardellen samt Lake in einen Zerkleinerer und püriere sie. Wenn du keinen Zerkleinerer hast, leihe dir den von deiner Tante Joyce. Weißt du was? Am besten ziehst du gleich ganz bei Tante Joyce ein. Sie kennt ein paar verrückte Geschichten über deinen Vater.

2 Vermische in einer kleinen Schüssel 3 TL der Sardellenpaste mit dem Knoblauch, der Worcestershire-Sauce, der Mayonnaise, dem Parmesan, dem Zitronensaft und dem Olivenöl. Stell die Schüssel zur Seite. Wirf ihr einen Blick zu, der besagt: „Warte kurz. Ich bin gleich wieder bei dir, Schatz."

3 Mische den Rest der Sardellenpaste unter das Hack und forme 4 Pattys. Würze sie beidseitig leicht mit Salz und Pfeffer, dann brate die Burger.

4 BURGER BAUEN: Untere Bun-Hälfte, Romana-Salat, Burger, Caesar-Dressing, obere Bun-Hälfte.

POLONÄSE-BLANKEN-KÄSE-BURGER

STAFFEL 5, FOLGE 6: VATER DES BOB

Dieser Burger klingt spießig. Ist er nicht. Auch wenn er einigen Spießern schmecken dürfte. Es ist ein Rinder-Patty, das mit Senf und geschmorten Pilzen, Tomaten und Knoblauch gewürzt wird. Als Topping kommen geschmolzener Gouda, Jarlsberg-Käse und ein paar Spritzer Bratensauce hinzu. ERGIBT 4 BURGER PLUS EXTRA SAUCE

- 3 Knoblauchzehen, grob gehackt
- Butter oder Olivenöl
- 250 g kleine Champignons, in Scheiben geschnitten
- 250 ml Bratensauce (aus der Tüte oder selbst zubereitet)
- 50 g scharfer Senf
- 500 g Rinderhack
- 2 Roma-Tomaten, entkernt und gewürfelt
- 4 Scheiben junger Gouda
- 4 Scheiben Jarlsberg
- 4 Buns
- Kopf- oder anderer grüner Blattsalat

1 Dünste den Knoblauch bei mittlerer bis starker Hitze mit etwas Butter oder Öl in einer Pfanne, bis er duftet. Bis er wie duftet? Mit Duft ist es wie mit Käsefüßen: Du weißt Bescheid, sobald du etwas riechst. Reduziere die Hitze auf mittlere Stufe und gib die Pilze mit noch etwas mehr Butter oder Öl hinzu. Dünste sie behutsam, damit sie weich werden und Flüssigkeit abgeben.

2 Wenn deine Pilze anfangen, braun zu werden, drehe die Temperatur hoch. Sobald die Flüssigkeit verdampft ist, gib die Tomaten hinzu und lass sie kurz mitschmoren. Stelle die Pfanne zur Seite.

3 Erwärme deine Bratensauce. Egal, ob es ein Rest vom Sonntagsbraten ist oder eine Fertigsauce, jedenfalls muss sie heiß sein.

4 Jetzt vermische *vorsichtig* den Senf mit dem Rinderhack. Brate die Pattys wie üblich. Gib am Ende ein bisschen von der Pilz-Knoblauch-Tomaten-Mischung und jeweils eine Scheibe Gouda und Jarlsberg darauf.

5 BURGER BAUEN: Untere Bun-Hälfte, Salat, käsiger Pilz-Burger, Sauce, obere Bun-Hälfte. Reste der Bratensauce lassen sich wunderbar als Dip für Pommes verwenden.

FÜR-ALLE-FÄLLE-PILZ-BURGER

STAFFEL 5, FOLGE 7: TINA, KÖNIG, AS, SPION

Ein Rinder-Patty mit frischen Pilzen als Topping und einer scharfen Kokos-Erdnuss-Sauce, serviert auf einem Sesam-Bun. Warum auf einem Bun? Bun reimt sich auf Fun. Und was sich reimt, ist gut. Altes Koboldgesetz. ERGIBT 4 BURGER

- 75 g kleine Champignons, in Scheiben geschnitten
- 1 EL Butter
- 75 g Erdnussbutter
- 400 ml Kokosmilch
- 1 EL Currypulver
- 1 EL gemahlenes Kurkuma
- ½ TL Salz
- 1 TL Paprikapulver
- ½ TL Cayennepfeffer
- 500 g Rinderhack
- 2 Knoblauchzehen, fein gehackt
- 4 Sesam-Buns
- grüne Salatblätter

1 Bei mittlerer Hitze in einer Pfanne die Pilze in der Butter weich dünsten. Die Erdnussbutter hinzufügen und rühren, bis sie sich verflüssigt hat. Die Kokosmilch dazugeben, dann das Currypulver, Kurkuma, Salz, Paprikapulver und den Cayennepfeffer. Auf die Konsistenz von dünnem Ketchup einkochen.

2 Mische den Knoblauch unter das Rinderhack und würze es mit Salz und Pfeffer. Forme 4 Pattys und brate sie wie immer.

3 BURGER BAUEN: Untere Bun-Hälfte, Salat, Burger, unwiderstehliche Pilzsauce, obere Bun-Hälfte. Wie heißt es doch so schön: Unwiderstehliche Pilzsauce, unwiderstehlicher Koch.

FRÜHLINGS-ZWIEBEL-GEFÜHLE-BURGER

STAFFEL 5, FOLGE 15: DAS ABENTEUERLICHE CHINCHILLA-HÜTEN

Dieser Rinder-Burger mit Ingwer ist dick mit Tamari-triefenden Frühlingszwiebeln belegt und wird auf gedämpftem Pak Choi serviert. Dieser Burger ist besser. Stärker. Und schneller (vom Teller im Mund, als man schauen kann). ERGIBT 2 BURGER

- **25 g Frühlingszwiebeln, in feine Ringe geschnitten**
- **5 EL Kokosöl**
- **1 TL Sesamöl**
- **2 EL Sojasauce**
- **1 Kopf Pak Choi**
- **350 g Rinderhack**
- **1 TL frischer Ingwer, gerieben**
- **1 EL Honig**
- **2 Buns**

1 Gib eine Stunde vor der Zubereitung der Burger die Zwiebeln in eine kleine Schüssel oder einen Dressing-Shaker und mische sie gründlich oder shake sie mit dem Kokosöl, dem Sesamöl und der Sojasauce. Lass sie zugedeckt mindestens eine Stunde ziehen.

2 Schneide die dicken weißen Strunkteile des Pak Choi ab. Wasche die großen, dunkelgrünen Blätter und dünste sie 20 Minuten in einem Gareinsatz oder Dampfkorb, bis sie knackig weich sind (nicht weich wie Spinatblätter, aber auch nicht roh wie Kohl). Wenn das Dampfgaren abgeschlossen ist, tupfe die Pak-Choi-Blätter trocken – sie werden vom Dampf sehr feucht sein – und stell sie zur Seite.

3 Forme 2 Pattys aus dem Rinderhack und knete vorsichtig jeweils ½ Teelöffel geriebenen Ingwer darunter. Würze die Pattys beidseitig mit Salz und Pfeffer und brate sie wie immer.

4 Erhitze die Frühlingszwiebel-Mischung in einem kleinen Topf und rühre den Honig unter.

5 BURGER BAUEN: Du hast das Händchen dafür: Untere Bun-Hälfte, frühlingshafter Pak Choi, Burger, frühlingshafte Zwiebeln, obere Bun-Hälfte. Da werden die Gefühle nicht lang auf sich warten lassen.

BEETE-HOVEN-BURGER

STAFFEL 5, FOLGE 8: DIE PAUSENAUFSICHT

Ein mit Dill gewürzter Rinder-Burger, auf Weißkohl serviert und mit einem Topping aus einer Mischung von Karotten, Roter Beete und mildem Schmand. Es sind weniger Rote-Beete-Knollen drin, als du denkst (eine, um genau zu sein), aber sei gewarnt: Deine Küche und du werdet in einem ungewohnten Lilaton erstrahlen, wenn du fertig bist. So wie die Küche von Prince wahrscheinlich. ERGIBT 4 BURGER

- 1 große Knolle Rote Beete, geschält
- ¼ Kopf Weißkohl
- 1–2 große Karotten, geschält und in kleine Stifte geschnitten (etwa 5 gehäufte EL)
- 2 EL Olivenöl
- 1 kleine rote Zwiebel, in kleine Würfel geschnitten
- 2 EL Tomatenmark
- 1 Zweig frischer Dill, fein gehackt
- 500 g Rinderhack
- 4 Buns
- Schmand

1 Rasple die Beete mit einer groben Küchenreibe. Nicht auf der mit den kleinen Löchern. Sag der: „Heute nicht." Wenn du magst, kannst du den Kohl und die Karotten ebenso raspeln.

2 Erhitze in einer großen Pfanne bei mittlerer bis starker Hitze das Olivenöl. Gib die Zwiebeln und die Karotten hinzu und dünste sie, bis die Zwiebeln glasig sind. Füge nun die Rote Beete und den Kohl hinzu und gare alles, bis die Beete nicht mehr hart ist. Dann rühre das Tomatenmark unter. Gib alles in eine Schüssel und stelle sie zur Seite.

3 Mische den Dill und je eine Prise Salz und Pfeffer unter das Hackfleisch. Forme 4 Pattys und brate sie in derselben Pfanne wie vorher die Zwiebel-Kohl-Karotten-Beete-Mischung.

4 BURGER BAUEN: Untere Bun-Hälfte, gedillter Burger, Zwiebel-Kohl-Karotten-Beete-Mischung, ein Klacks Schmand, obere Bun-Hälfte. Klacks, Klacks, Klacks.

WINTER-SÜSSKARTOFFEL-KNÖDEL-BURGER

STAFFEL 2, FOLGE 3: SYNCHRONSCHWIMMEN

Dieser Rinder-Burger wird mit Süßkartoffelscheiben und nicht zu knapp kandiertem Bacon belegt. Kandierter Bacon klingt in deinen Ohren vielleicht etwas dick aufgetragen – wie ultraphänomenale Fabelhaftigkeit – aber es ist etwas sehr Reales. Du wirst schon sehen. ERGIBT 4 BURGER

- 500 g Bacon in Scheiben
- 70 g brauner Zucker
- ½ große Süßkartoffel, geschält und in gut ½ cm dicke Scheiben geschnitten
- 1 EL Olivenöl
- 500 g Rinderhack
- 4 Buns
- Ketchup, Senf und andere Würze (nach Belieben)

1 Heize den Ofen auf 175 °C vor. Lege deine Bacon-Scheiben auf ein großes Backblech und bestreue sie mit braunem Zucker. Etwa 30 Minuten im Ofen backen, dabei einmal wenden. Lege den Speck auf einen Teller und stelle ihn beiseite.

2 Brate die Süßkartoffelscheiben mit 1 EL Olivenöl bei mittlerer bis starker Hitze in einer Bratpfanne, bis sie weich werden. Sie dürfen nicht anbrennen.

3 Forme aus dem Hackfleisch deine Pattys, würze sie mit Salz und Pfeffer. Brate sie wie üblich, aber sei vorsichtig beim Wenden.

4 BURGER BAUEN: Untere Bun-Hälfte, Burger, Süßkartoffelscheiben, 2 bis 4 Scheiben Bacon, obere Bun-Hälfte. Ketchup, Senf und alle Standard-Burger-Toppings harmonieren gut mit diesem Burger. Das ist ein süßer Burger. Und es ist süß von dir, ihn deinen Gästen zu servieren.

FUSS-FETA-ISCH-BURGER – IST MEGA FETA

STAFFEL 1, FOLGE 2: DER KRIECHBODEN

Dieses Rinder-Patty ist gefüllt und überzogen mit frischem Feta und wird mit Senf, Mayonnaise und Sriracha-Sauce auf Ciabatta serviert. Er hat eine leicht salzige Note und den scharfen Biss frischer Rucola. ERGIBT 4 BURGER

- 120 g Feta, zerbröckelt
- 500 g Rinderhack
- 100 g Senf
- 50 g Mayonnaise
- 4 kleine Ciabatta-Brötchen (in der Größe der Burger)
- Rucola
- Sriracha-Sauce (optional)

1 Vermische etwa 2/3 des Feta mit dem Rinderhack und forme 4 Pattys, die du nur leicht auf beiden Seiten mit Salz und Pfeffer würzt. Wende sie beim Braten ganz behutsam. Es wird trotzdem mehr Ferkelei geben als sonst, aber davor hast du ja keine Angst. Du nicht. Sieh dich an. Sieh dir dein Leben an. Ich will hier nicht werten, ich meine ja nur.

2 Verrühre den Senf in einer kleinen Schüssel mit der Mayonnaise und bestreiche damit die obere Hälfte der Ciabatta-Brötchen.

3 BURGER BAUEN: Untere Brötchenhälfte, eine Handvoll Rucola, Burger, eine ordentliche Ladung Feta, ein paar Spritzer Sriracha, obere Brötchenhälfte mit Senf-Mayo.

BURGER
OF THE DAY
Foot
Feta-ish
Burger

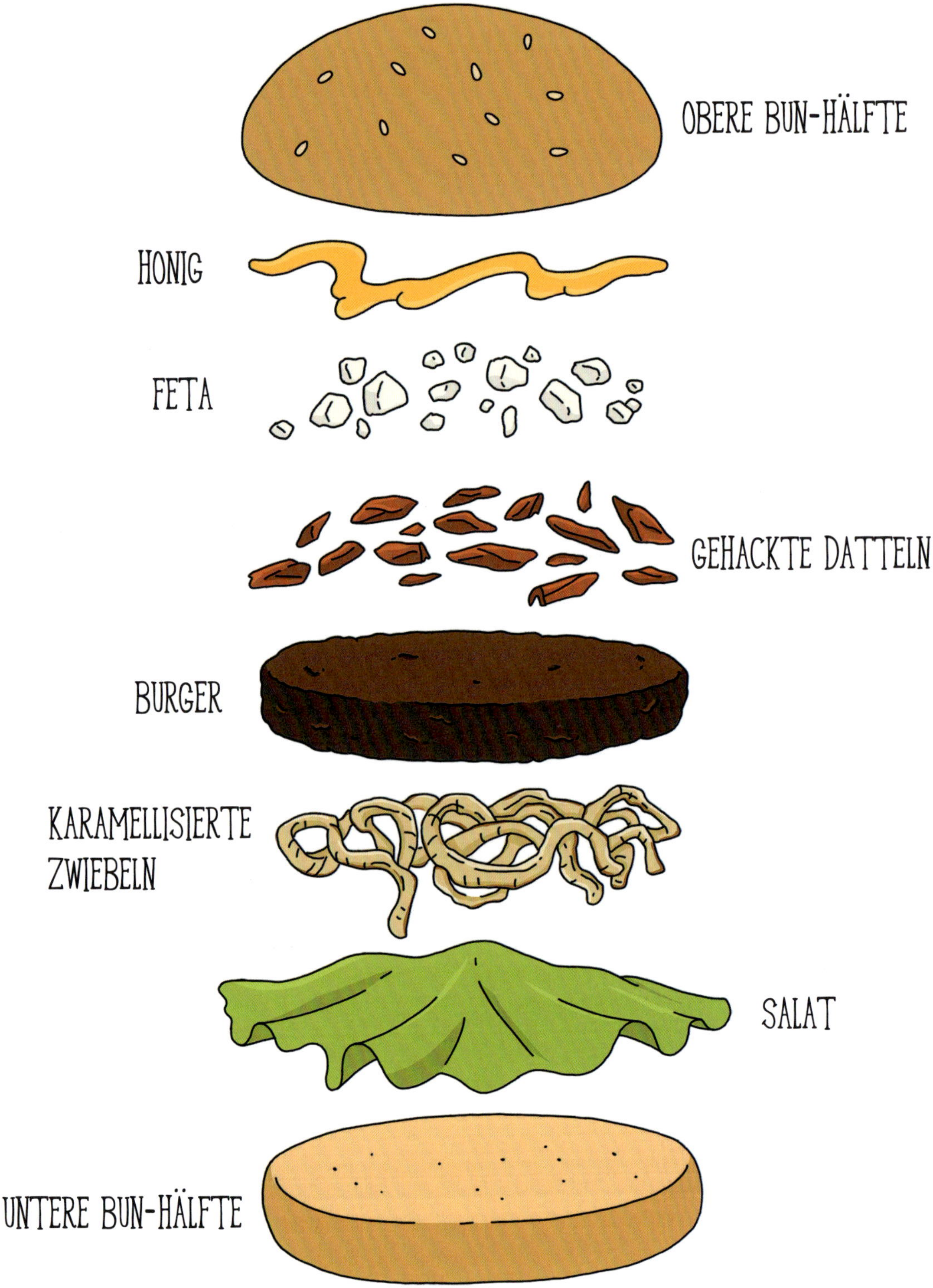
OBERE BUN-HÄLFTE
HONIG
FETA
GEHACKTE DATTELN
BURGER
KARAMELLISIERTE ZWIEBELN
SALAT
UNTERE BUN-HÄLFTE

HONIG-IM-BUN-BURGER

STAFFEL 2, FOLGE 3: SYNCHRONSCHWIMMEN

Dieser süß-pikante Burger ist voller Thymian und Majoran und trägt über einer Haube aus Datteln und Honig zu Krönung noch etwas scharfen Feta. Rattenscharf. Rinderscharf. Hahaha! Den Gag darfst du behalten. ERGIBT 4 BURGER

1 EL Butter
1 mittelgroße Zwiebel, gehackt
8–12 Datteln ohne Kern
1 Knoblauchzehe
60 ml Sherry-Essig
je ½ TL getrockneter Thymian und Majoran
500 g Rinderhack
120 g Feta, zerbröckelt
2 EL Honig
4 Buns
grüne Salatblätter
Cayennepfeffer (optional)

1 Die Butter in einer großen Pfanne bei mittlerer bis schwacher Hitze schmelzen. Die Zwiebeln bei eher niedriger Hitze darin dünsten, bis sie nach 20 bis 30 Minuten sehr weich sind und eine goldbraune Farbe haben.

2 Püriere die Datteln, den Knoblauch und den Sherry-Essig in der Küchenmaschine oder mit dem Pürierstab. Du kannst auch Mörser und Stößel nehmen (wenn du aus einer längst vergangenen Zeit stammst).

3 Mische den Thymian und den Majoran unter das Hackfleisch und forme 4 Pattys. Würze sie mit Salz und Pfeffer und brate sie wie gewöhnlich.

4 Erhitze den Honig etwa 30 Sekunden in der Mikrowelle.

5 BURGER BAUEN: Unteres Bun, Salat, karamellisierte Zwiebeln, Burger, Dattel-Knoblauch-Paste, Feta-Bröckel, ein Fädchen warmen Honig (nur ein Fädchen!) und, wenn du magst, etwas Cayennepfeffer. Denk immer dran: Burger-Stund hat Honig im Mund.

BURGER
OF THE DAY
SIT
'N'
SPINACH
BURGER
$5.95

I-SPINAT-ON-YOUR-GRAVE-BURGER

STAFFEL 2, FOLGE 8: SCHLIMME TINA

Ein Patty aus Rinderhack und Spinat, gebraten in Zitrone und Rotwein-Essig. Frische Tomaten, Mozzarella und Spinat bilden das Topping. Der Spinat harmoniert mit den Zitronen und dem Essig; der weiche Mozzarella rundet das Ganze ab. Außerdem reimt sich Mozzarella auf Cinderella. Alles wird gut. ERGIBT 4 BURGER

- 1 EL Olivenöl
- 1 TL Knoblauch, gehackt
- 2 Bund Spinat, entstielt und gehackt
- 500 g Rinderhack
- 2 EL Zitronensaft
- 2 EL Rotwein-Essig
- 4 Buns
- 4 Scheiben Mozzarella
- 1 große Tomate, in 4 Scheiben geschnitten

1 Erwärme das Olivenöl auf mittlerer Hitze in einem großen Topf oder einer großen Pfanne und dünste den Knoblauch darin. Wenn er anfängt zu duften, füge den Spinat hinzu. Eventuell musst du das portionsweise tun, weil nicht alles auf einmal hineinpasst. Rühre beständig, bis der Spinat zusammenfällt. Lass ihn in einer großen Schüssel abkühlen.

2 Nimm 5 gehäufte EL des abgekühlten Spinats aus der Schüssel und presse die Flüssigkeit entweder mit der Hand, mit einer Kartoffelpresse oder einem Tuch aus. Mische ihn mit Salz und Pfeffer unter das Hackfleisch. Forme 4 Pattys.

3 Verrühre den Zitronensaft mit dem Essig. Stelle eine Bratpfanne auf mittlere bis starke Hitze und gieße die Zitronen-Essig-Mischung hinein. Gare die Pattys darin. Bevor sie durch sind, gib je eine Scheibe Mozzarella darauf. Decke sie ab, damit der Käse schmilzt.

4 BURGER BAUEN: Untere Bun-Hälfte, Burger mit Mozzarella, eine Tomatenscheibe, etwas Spinat, obere Bun-Hälfte. Du hast es geschafft. Linda würde sagen: „All right!“ Und dann würde sie sich ein schönes Glas Wein einschenken und eine alte Folge von *Dallas* ansehen.

CRÈME-DE-LA-CRÈME-FRAÎCHE-BURGER

STAFFEL 2, FOLGE 9: BIGFOOT

Dieser Heidelbeer-Burger hat eine Basilikum-Crème-fraîche-Sauce als Topping. Die Crème fraîche harmoniert mit der milden Süße der Heidelbeeren, und die Heidelbeeren machen das Fleisch saftiger. Die Leute sollten keine Angst vor Früchten in einem Burger haben. Irgendwann werden Beeren und Ananas in Burgern ganz normal sein. Denk an unsere Worte. Bei der Crème fraîche sind wir uns nicht so sicher. Schwer zu sagen. Aber Früchte? Definitiv. ERGIBT 4 BURGER

100 g Heidelbeeren, gewaschen und mit der Gabel zerdrückt
25 g Semmelbrösel
500 g Rinderhack
10 g frisches Basilikum, gehackt
250 g Crème fraîche
4 Kaiserbrötchen
1 Beutel Frühlingssalat-Mischung

1 Mische die Heidelbeeren und die Semmelbrösel unter das Rinderhack. Die Feuchtigkeit in den Beeren mag das Formen von Pattys erschweren, aber da kommen die Semmelbrösel ins Spiel. Semmelbrösel sind der Eheberater aller Lebensmittel dieser Erde. Das ist eine wissenschaftlich erwiesene Tatsache. Forme 4 Pattys und würze sie beidseitig mit Salz und Pfeffer.

2 Brate die Burger. Brate sie zuerst auf hoher Temperatur scharf an. Damit bewahren sie besser ihre Form. Sei vorsichtig beim Wenden. Wir wissen alle, wie stark du bist.

3 Rühre das Basilikum unter die Crème fraîche.

4 BURGER BAUEN: Untere Brötchenhälfte, eine Handvoll Salatmischung, Burger, ein großer Klacks Basilikum-Crème-fraîche, obere Brötchenhälfte. Das ist eindeutig die Crème de la Crème aller frischen Burger.

Belchers
rème fraîche

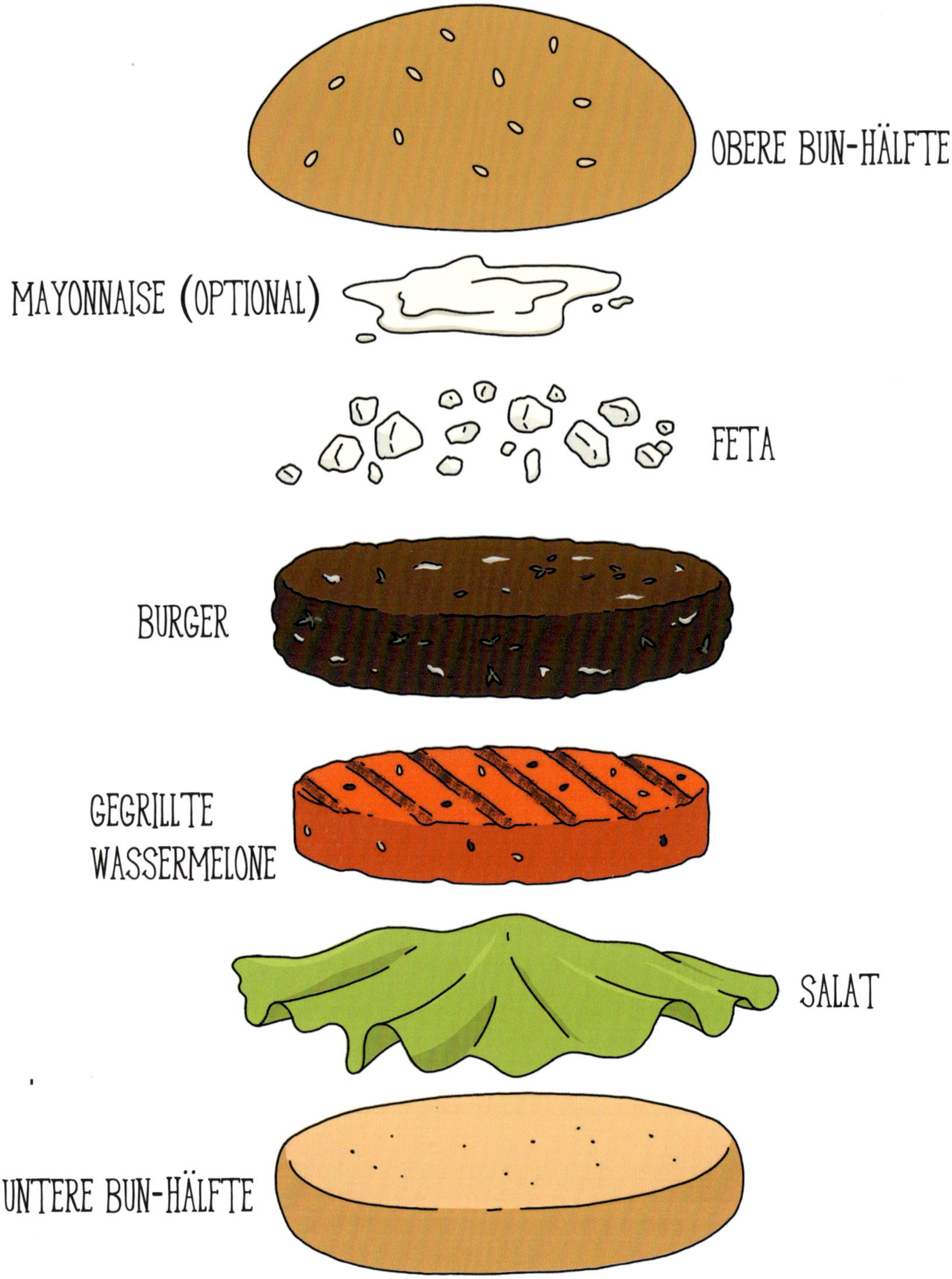
OBERE BUN-HÄLFTE
MAYONNAISE (OPTIONAL)
FETA
BURGER
GEGRILLTE WASSERMELONE
SALAT
UNTERE BUN-HÄLFTE

WASSERMELONEN-FÜR-ELEFANTEN-BURGER

STAFFEL 3, FOLGE 3: BOB FEUERT DIE KINDER

Eine dicke Scheibe gegrillte Wassermelone setzt einen Kontrapunkt zu dem mit Feta, Rosmarin und Thymian gefüllten Burger. Das wird ein Hit auf deiner nächsten Grillparty, wie „Melone, Melone, Melone" von den Jungen Zillertalern. ERGIBT 4 BURGER

- 1 Wassermelone ohne Kerne
- Salz
- 100 Gramm Feta-Käse, zerbröckelt
- je 1 EL frischer Rosmarin und Thymian, gehackt
- 500 g Rinderhack
- 4 Kaiserbrötchen
- Salatblätter
- Mayonnaise (optional)

1 Schneide die Wassermelone in 1 cm dicke Scheiben. Dann steche mit einer runden Ausstechform Scheiben in der Größe des Burgers aus (oder versuche es mit einem Messer). Gib die Scheiben in ein über eine Schüssel gehängtes Sieb, salze sie großzügig – nein, im Ernst, mach ordentlich Salz drauf – und lass sie mindestens 15 Minuten ziehen. Diese 15 Minuten kannst du nutzen, wie du möchtest. Wenn das deine 15 Minuten Ruhm werden, ist das eine reife Multi-Tasking-Leistung!

2 Mische drei gehäufte EL Feta-Bröckel, den Rosmarin und den Thymian unter das Rinderhack. Forme 4 Pattys und pfeffere sie auf beiden Seiten (kein Salz, der Feta ist salzig genug). Wenn du die Pattys grillen willst, wirf jetzt den Grill an.

3 Spüle das Salz von den Wassermelonen-Scheiben und tupfe sie trocken. Brate sie 5 Minuten bei starker Hitze; wende sie dabei einmal. Idealerweise werden die Burger und die Melone gleichzeitig fertig, die Melonenscheiben haben diese schönen Grilllinien und fühlen sich wirklich heiß an.

4 Brate deine Burger wie üblich, sei aber sehr vorsichtig beim Wenden.

5 BURGER BAUEN: Untere Bun-Hälfte, Salat, Wassermelone, Burger, ein paar Feta-Krümel, ein Klacks Mayonnaise (wenn du magst) und die obere Bun-Hälfte.

CHALLA-UND-RAUCH-BURGER

STAFFEL 3, FOLGE 9: DER GEIST DER WEIHNACHT

Auf diesem Burger liegt ein Karotten-Kartoffel-Puffer mit Apfelmus. Auf Challa (einem Schabbatbrot) serviert, wird er dir ein „Challaluja!" entlocken. ERGIBT 4 BURGER

- 500 g Kartoffeln
- 1 große Karotte
- ½ Zwiebel, gehackt
- 1 Ei
- Rapsöl zum Braten
- 75 g Apfelmus
- ¼ TL Zimt (optional)
- 500 g Rinderhack
- 4 Challa-Buns (oder 8 Scheiben von einem Laib Schabbatbrot)
- Schmand (optional)

1 Schäle und rasple die Kartoffeln mit der groben Seite einer Kastenreibe (oder in der Küchenmaschine mit der groben Raspelscheibe). Tupfe die Kartoffelraspel mit einem Geschirrtuch oder Küchenpapier trocken. Nun schäle und rasple die Karotte. Vermische die Kartoffeln, die Karotte, die gehackten Zwiebeln und das Ei in einer großen Schüssel. Forme 4 Pattys in Burger-Größe.

2 Gib so viel Öl in eine Pfanne, dass es 2 ½ cm hoch steht. Frittiere die Puffer, bis sie goldbraun sind. Wende sie nicht zu früh, sonst fällt alles genauso auseinander wie bei *Cheers* nach dem Ausstieg von Shelley Long. Lass die frittierten Puffer auf Küchenpapier abtropfen.

3 Mische das Apfelmus und, falls du das magst, das Zimt unter das Rinderhack. Die Fleischmasse wird sich dünner anfühlen als sonst, aber das ist okay so.

4 Forme 4 Pattys, würze sie mit Salz und Pfeffer und brate sie wie üblich.

5 BURGER BAUEN: Untere Challa-Hälfte, Burger, Puffer, Apfelmus und einen Klacks Schmand (nach Belieben), obere Challa-Hälfte. Darauf kannst du deine untere Challa-Hälfte verwetten, dass dieser Burger ein Erfolg wird!

DON'T-GO-BROKKOLI-NG-MY-HEART-BURGER

STAFFEL 3, FOLGE 11: FKK-STRAND

Ein Rinder-Patty mit gedünsteten Brokkoli-Röschen, Artischockenherzen und gegrilltem Feta, serviert auf einem Baguette-Brötchen mit Tomatenscheiben. ERGIBT 4 BURGER

1 großer Kopf Brokkoli
100 g Feta
Olivenöl
500 g Rinderhack
1 kleine Dose Artischockenherzen (400 g), grob gehackt
Mayonnaise
Senf
4 Baguette-Brötchen
2 Roma-Tomaten, in Scheiben geschnitten

1 Bring einen großen Topf Wasser zum Kochen und zerteile den Brokkoli in kleine Röschen. Lass den Brokkoli in einem Sieb über dem Wasser so lange garen, bis er weich, aber nicht matschig ist, sodass man noch damit werfen kann.

2 Heize den Backofen auf 200 °C vor. Schneide oder zerbrösele den Feta-Käse in eine kleine feuerfeste Form und besprenkle ihn mit Olivenöl. Backe ihn 5 Minuten im Ofen, dann schalte den Grill zu. Behalte den Feta im Auge und hole ihn heraus, sobald sich die Oberfläche bräunt.

3 Forme 4 Pattys und würze sie beidseitig mit Salz und Pfeffer. Brate sie wie üblich.

4 Lass die Artischockenherzen abtropfen und gib sie bei mittlerer bis starker Hitze in eine Bratpfanne. Sie sollen nur ein bisschen warm werden. Hebe die gedämpften Brokkoli-Röschen unter und schalte die Herdplatte aus.

5 Rühre aus gleichen Teilen von Mayonnaise und Senf eine einfache Sauce an und bestreiche die obere Bun-Hälfte damit.

6 BURGER BAUEN: Untere Bun-Hälfte, Burger, gegrillter Feta, etwas von dem Brokkoli-Artischocken-Mix, Tomatenscheiben, obere Bun-Hälfte mit dem Senf-Mayonnaise-Dressing. Kleine Mengen gesunden grünen Gemüses werden sich nun ihren Weg in deinen Körper bahnen. Dreh deswegen nicht gleich durch, mach keine große Sache daraus. Genieße es einfach, als wäre es normales Essen.

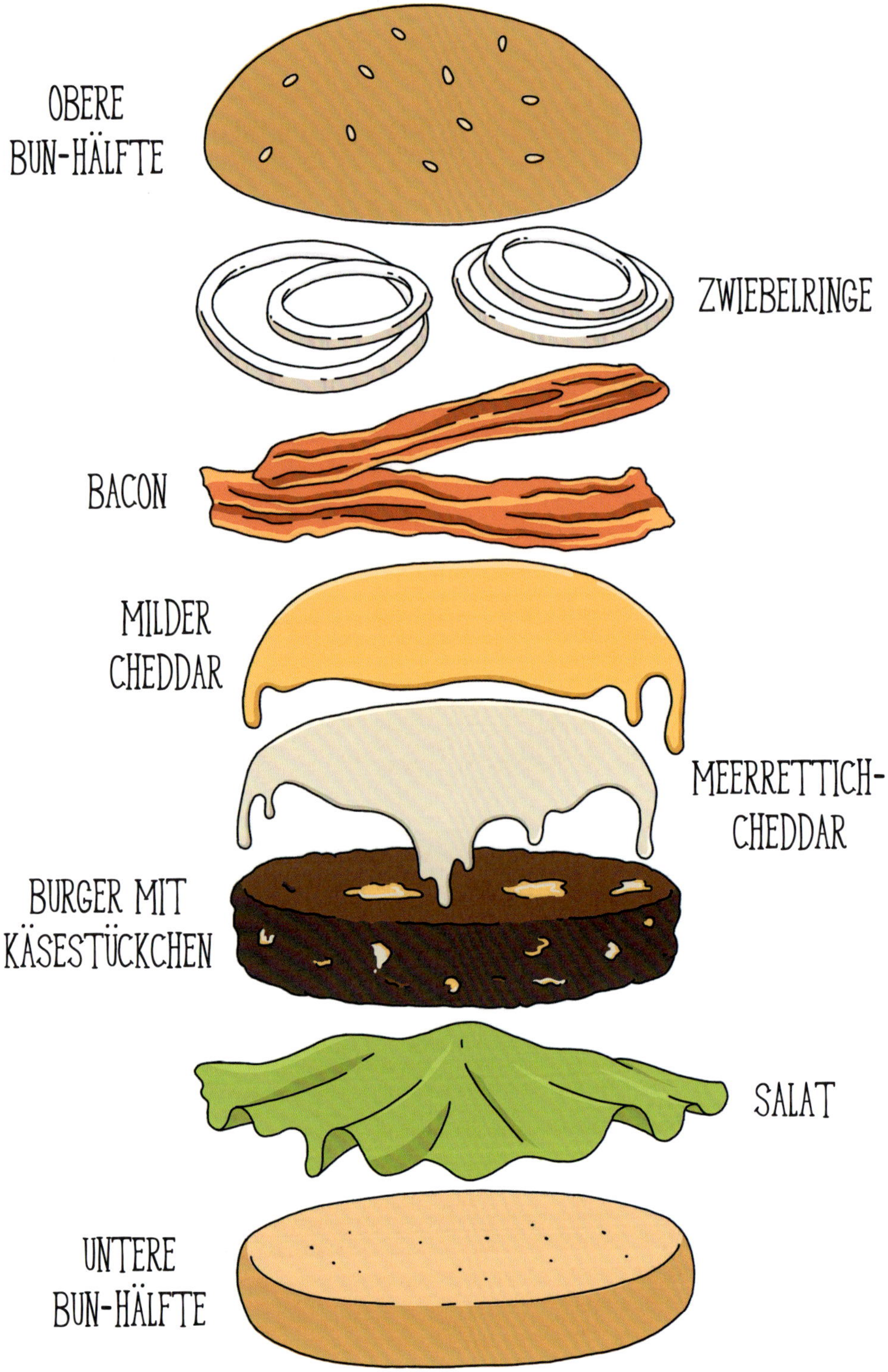
OBERE BUN-HÄLFTE
ZWIEBELRINGE
BACON
MILDER CHEDDAR
MEERRETTICH-CHEDDAR
BURGER MIT KÄSESTÜCKCHEN
SALAT
UNTERE BUN-HÄLFTE

CHEDDAR-CALL-SAUL-BURGER

STAFFEL 3, FOLGE 14: DIE UNABHÄNGIGKEIT DER LINDA

Wie viele Cheddar-Varianten sind zu viele für einen Burger? Das hat die Wissenschaft noch nicht abschließend geklärt. Dieser köstliche Burger kommt mit vier Sorten gut klar. Das Rinder-Patty wird mit zwei Sorten gefüllt und in Bacon-Fett gebraten und bekommt dann ein Topping aus zwei weiteren Sorten. So ist jeder Biss ein anderes Geschmackserlebnis. Gib noch knusprigen Bacon mit Salat und Zwiebelringe darauf und freu dich auf vierkäsehohen Genuss. ERGIBT 4 BURGER

- 500 g Bacon in Scheiben
- 500 g Rinderhack
- 4 Scheiben scharfer weißer Cheddar
- 4 Scheiben scharfer gelber Cheddar
- 4 Scheiben milder weißer Meerrettich-Cheddar
- 4 Schreiben milder gelber Cheddar (oder süßer roter Cheddar, wenn du ihn auftreiben kannst)
- 4 Buns
- grüne Salatblätter
- 1 mittelgroße Zwiebel, in Ringe geschnitten

1 Brate den Bacon in einer großen Pfanne und nimm ihn heraus. Das Fett bleibt in der Pfanne.

2 Von den beiden scharfen Cheddar-Sorten zupfe pro Burger je 1 Scheibe in Stückchen und drücke diese in die Mitte des Patty. Forme alle 4 Pattys um den Käse herum und würze sie beidseitig mit Salz und Pfeffer.

3 Brate die Pattys im Bacon-Fett. Bevor sie fertig sind, bring auf jedem Burger eine Scheibe Meerrettich-Cheddar und eine Scheibe milden gelben Cheddar zum Schmelzen. Decke die Pattys dazu mit einem Zelt aus Alufolie oder einem Deckel auf der Pfanne ab.

4 BURGER BAUEN: Untere Bun-Hälfte, Salat, Cheeseburger, Bacon, Zwiebelringe, obere Bun-Hälfte. Irre, so viele Cheddar-Sorten? Keineswegs. Fünf wären vielleicht verrückt. Aber was hättest du lieber, vielleicht drei? Nein. Lass es dir gesagt sein: Vier ist deine Zahl.

HÖR-MAL-WER-DA-BRIET-BURGER

STAFFEL 3, FOLGE 23: DAS UNNATÜRLICHE

Ein mit Worcestershire-Sauce gewürztes und mit Brie gefülltes Rinder-Patty, überhäuft mit karamellisierten Zwiebeln, noch mehr Brie und knackigen Cornichons und angerichtet auf einem Baguette-Brötchen. Wenn dir der Name dieses Burgers nichts sagt, dann wirst du auch nicht wissen, was ein Heimwerkerkönig ist. Aber du willst ja sowieso lieber ein Burger King sein. ERGIBT 4 BURGER

- 1 EL Butter
- 1 große Zwiebel, gehackt
- 1 Camembert, ohne Rinde in 1-cm-Würfel geschnitten
- 3 EL Worcestershire-Sauce
- 500 g Rinderhack
- 4 Baguette-Brötchen
- Milde Cornichons, in Scheiben geschnitten

1 Lass die Butter bei mittlerer bis niedriger Temperatur in einer großen Pfanne zerlaufen. Gib die Zwiebeln hinzu und dünste sie unter gelegentlichem Rühren bei schwacher Hitze, bis sie nach 20 bis 30 Minuten ganz weich sind und eine schöne, tief goldbraune Farbe angenommen haben.

2 Mische die Worcestershire-Sauce unter das Rinderhack. Forme 4 Pattys um ein paar Würfel Camembert herum. Würze sie auf beiden Seiten leicht mit Salz und Pfeffer und briete … äh … brate sie. Kurz vor Schluss gibst du den restlichen Brie auf deine Pattys und deckst alles ab, damit der Käse schmelzen kann.

3 BURGER BAUEN: Untere Brötchenhälfte, karamellisierte Zwiebeln, Burger, Cornichon-Scheiben, obere Brötchenhälfte. Hör mal, wer da in deinem Mund ein Brie-Hymne spielt.

OLIVEN-TWIST-BURGER

STAFFEL 4, FOLGE 7: OH BOB, MEIN BOB

Dieser Burger hat eine frische Feta-Füllung und obenauf eine mit Knoblauch gewürzte Oliven-Tapenade; dazu werden sautierte Zucchini und Sommerkürbis gereicht. Geschmack und Darbietung kann man durchaus als „erwachsen“ bezeichnen. Es ist die Gala-Variante des Burgers. ERGIBT 4 BURGER, PLUS JEDE MENGE SAUTIERTER KÜRBIS EXTRA

2 kleine Knoblauchzehen
50 g grüne Oliven ohne Kern
10 Kalamata-Oliven ohne Kern
Olivenöl
3 kleine Zucchini, in feine Streifen geschnitten
3 kleine Sommerkürbisse, in feine Streifen geschnitten
2–3 EL frischer Oregano, gehackt
500 g Rinderhack
100 g Feta, gewürfelt
4 Buns

1 Gib die Knoblauchzehen, die grünen Oliven und die Kalamata-Oliven mit 1 EL Olivenöl in die Küchenmaschine oder den Mixer und häcksele sie im Pulse-Modus (oder indem du ein paarmal kurz auf den An-Knopf drückst), bis du einen dicken Aufstrich hast. Wenn nötig, gib noch mehr Öl hinzu. Das nennt man Tapenade. Wie Limonade, nur für Erwachsene.

2 Brate die Zucchini- und Kürbisstreifen auf mittlerer Hitze in etwas Olivenöl an. Gib Oregano hinzu. Der Kürbis wird weich und beginnt zu durften – brate ihn noch ein wenig länger, bis er anfängt, braun zu werden.

3 Teile Rinderhack und Feta in 4 gleiche Portionen. Forme Pattys um den Feta herum. Würze sie beidseitig mit Salz und Pfeffer. Brate die Burger. Weil der Feta unweigerlich in deiner Pfanne schmelzen wird, dauert es vielleicht etwas länger. Sei vorsichtig beim Wenden.

4 BURGER BAUEN: Untere Bun-Hälfte, Burger, Tapenade, obere Bun-Hälfte. Reiche das sautierte Zucchini- und Kürbisgemüse als Beilage. Fühlst du dich schon äußerst distinguiert? Gut so.

WINTER-MÜNSTER-LAND-BURGER

STAFFEL 4, FOLGE 11: SUPER-WERBUNG

Ein Burger mit Frühlingszwiebeln und einem Topping aus Münsterkäse und einer köstlichen Zitronen-Joghurt-Sauce. Zuckerschoten ergeben eine milde Beilage. ERGIBT 4 BURGER PLUS ZUCKERSCHOTEN

- 500 g Rinderhack
- 1 Bund Frühlingszwiebeln, fein gehackt
- 8 Scheiben Münsterkäse
- 150 g Naturjoghurt
- 150 g Schmand
- 2 EL frischer Zitronensaft
- 1 TL Pfeffer, frisch gemahlen
- 80 ml Milch (optional)
- 4 Buns
- 1 Beutel Frühlingssalat-Mischung
- Zuckerschoten (eine Handvoll pro Person), in Dampf gegart

1 Würze das Hack mit Salz und Pfeffer und mische die Frühlingszwiebeln unter. Forme 4 Pattys und brate sie. Bring auf jedem Burger zwei Scheiben Käse zum Schmelzen.

2 Währenddessen verrührst du den Joghurt, den Schmand, den Zitronensaft und den Pfeffer in einer Schüssel. Die Sauce sollte dick, aber noch fließfähig sein – wenn sie zu dick ist, kannst du Milch hinzugeben.

3 BURGER BAUEN: Untere Bun-Hälfte, Salat, Cheeseburger, ein Klacks Zitronen-Joghurt-Sauce, obere Bun-Hälfte. Serviere ihn mit Zuckerschoten als Beilage. Gib ein paar Spritzer von dem Zitronenjoghurt auf die Zuckerschoten und singe dazu „Süßer die Erbsen nie schmecken“ zur Melodie von „Süßer die Glocken nie klingen“.

HERR-DER-ZWIEBEL-RINGE-BURGER

STAFFEL 4, FOLGE 19: DIE KINDER HAUEN AB

Dieser Burger ist mit Äpfeln und Majoran gefüllt und hat ein Topping aus Zwiebelringen im Rosmarinteigmantel. ERGIBT 4 BURGER MIT EXTRA ZWIEBELRINGEN

- 750 ml Pflanzen- oder Rapsöl zum Frittieren
- 250 g Mehl
- 2 Eier
- 500 ml Milch
- 3 TL frischer Rosmarin, gehackt
- 2 Gemüsezwiebeln, in dicke Ringe geschnitten; die Ringe vereinzelt
- 500 g Rinderhack
- 1 großer roter Apfel, entkernt, geschält und gewürfelt
- 1 EL frischer Majoran, gehackt
- 4 Scheiben Cheddar
- Mayonnaise
- 4 Buns
- grüne Salatblätter

1 Erhitze das Öl in einem hohen Topf auf 175 °C. Rühre aus dem Mehl, den Eiern, der Milch und dem Rosmarin in einer Schüssel einen Teig an. Tauche die Zwiebelringe in den Teig und frittiere sie in dem heißen Öl. Wenn sie goldbraun sind, leg sie zum Abtropfen auf Küchenpapier. Versichere den Zwiebelringen: „Ihr seid goldrichtig, Jungs!" Würze sie mit Salz.

2 Mische 4 gehäufte EL Apfelwürfel und den Majoran unter das Rinderhack. Forme 4 Pattys und würze sie beidseitig mit Salz und Pfeffer. Brate sie wie immer, aber sei vorsichtig beim Wenden. Kurz bevor die Burger fertig sind, bring jeweils eine Scheibe Cheddar darauf zum Schmelzen.

3 BURGER BAUEN: Gib ein wenig Mayonnaise auf die untere Bun-Hälfte, lege den Cheeseburger darauf, Zwiebelringe und die obere Bun-Hälfte. Du fragst dich, wie man Zwiebelringe essen wollen kann, die nicht auf einem Burger liegen, und dann siehst du deine Beilage aus extra Zwiebelringen und fängst an, sie zu essen, und es fällt dir wie Schuppen vor den Augen.

LOVE-CURDS-BURGER

STAFFEL 5, FOLGE 2: TINA UND DER ECHTE GEIST

Nimm ein Rinder-Patty mit aufregenden Habaneros und einem verführerischen Ketchup, der Tomaten und Ingwer vereint. Da braucht es schon geschmolzene Cheese Curds, um es unter die Haube zu bringen. Pass bloß auf mit den Habaneros. Wasch alles, was mit ihnen in Berührung kommt, sonst hält ihre Schärfe Einzug in dein Leben. Sie wird bei dir einziehen, auf deiner Couch sitzen und deine Cornflakes essen, und nach Jahren trennt ihr euch und alles, was bleibt, ist ein schmerzhaftes Brennen in den Augen. Falls du Gummihandschuhe besitzt, zieh sie JETZT an. Fass dir nicht ins Gesicht. Fass dir auch nicht an den Bauchnabel. Wir sind zwar nicht sicher, ob das auch schmerzt, aber du willst bestimmt nicht der Erste sein, der das herausfindet. ERGIBT 4 BURGER

- 1 mittelgroße Zwiebel, gehackt
- Olivenöl
- 100 g frischer Ingwer, gerieben
- 3 Knoblauchzehen, fein gehackt
- 125 ml Rotweinessig
- 100 g brauner Zucker
- 1 kleine Dose Tomaten in Stücken (400 g)
- 500 g Rinderhack
- 4 Habanero-Chilis, entstielt, entkernt und gehackt
- 250 g frische Cheese Curds (aus dem Spezialitätenladen oder online, ersatzweise Feta)
- Kopf- oder anderer grüner Blattsalat
- 4 Buns

1 Erhitze die Zwiebeln nur kurz bei mittlerer bis starker Hitze mit ein bisschen Olivenöl, bis sie etwas weicher werden. Regle auf schwache Hitze herunter, gib den Ingwer und den Knoblauch hinzu und dünste das Ganze unter gelegentlichem Rühren, bis die Zwiebeln glasig sind.

2 Stelle die Temperatur wieder auf mittel bis hoch und gib den Essig und den Zucker dazu. Löse den Zucker durch Rühren auf und füge die Tomaten hinzu. Lass alles 30 Minuten köcheln, dann schmecke es mit Salz und Pfeffer ab. Du hast gerade Ketchup hergestellt. Stell ihn zur Seite. Statt dünn wird er eher dicker und klumpig sein, wie die Besten unter uns. Wenn du Ketchup lieber glatt magst, püriere ihn nach dem Abkühlen.

3 Ohne dir ins Gesicht oder an die Augen zu fassen (oder an ein Baby oder einen Hundewelpen), mischst du die gehackten Habaneros unter das Rinderhack und formst 4 Pattys. Wasche sofort deine Hände, dann würze die Pattys mit Salz und Pfeffer. Wasche deine Hände noch einmal.

4 Brate deine Pattys wie immer. Kurz vor Schluss setze einen Haufen Cheese Curds darauf und decke alles ab, damit die Curds leichter schmelzen.

5 BURGER BAUEN: Untere Bun-Hälfte, Salat, Burger mit Käsehaube, eine ordentliche Ladung Ketchup und obere Bun-Hälfte. Wende dich deinen Gästen zu und sage gewichtig: „Dies ist der Geschmack der Liebe meines Lebens." Lass es sacken. Und dann weiche peinlich berührt ihren mitfühlenden Blicken aus.

BLUE-BY-YOU-BURGER

STAFFEL 4, FOLGE 20: DER JUBEL-KÖNIG

Ein Rinder-Blauschimmelkäse-Patty, der mit zartem Mangold und knusprigem Bacon belegt und mit einer vollmundigen Rotwein-Reduktion getauft wird. Rotwein und Bacon? Das muss der Himmel sein. ERGIBT 4 BURGER, PLUS EXTRA BACON

- 500 g Bacon in dicken Scheiben
- 2 kleine Zwiebeln, fein gehackt
- 2 Knoblauchzehen, fein gehackt
- 3 EL Butter
- 2 Roma-Tomaten, gewürfelt
- 350 ml Rotwein
- 500 g Rinderhack
- 120 g Blauschimmelkäse, gewürfelt
- 1 Bund roter Mangold, die Stängel entfernt und die Blätter in breite Streifen geschnitten
- 1 EL Olivenöl
- 4 Buns

1 Brate den Bacon auf dem Herd oder im Backofen, bis er knusprig ist.

2 Dünste die Zwiebeln und den Knoblauch bei mittlerer Hitze mit 2 EL Butter in einer großen Pfanne glasig.

3 Gib die Tomaten und den Wein hinzu und bring alles zum Kochen. 2 Minuten kochen lassen, dann die Hitzezufuhr reduzieren und unter gelegentlichem Rühren köcheln lassen. Nach 5 Minuten einen weiteren EL Butter hinzugeben. Etwa 20 Minuten lang köcheln lassen, bis die Flüssigkeit so dick ist, dass sie an der Rückseite eines Löffels haften bleibt. Gieß deine Rotwein-Reduktion durch ein Sieb in eine Schüssel und stell sie zur Seite.

4 Mische die Blauschimmelkäsewürfel unter das Hack und forme vorsichtig 4 Pattys. Würze beide Seiten leicht mit Salz und Pfeffer und brate die Burger. Es kann etwas Blauschimmelkäse herauslaufen, sei beim Wenden also vorsichtig.

5 Dünste den Mangold bei mittlerer Hitze mit etwas Olivenöl. Gib eine Prise Salz hinzu und rühre ohne Unterlass, bis die Blätter zusammenfallen.

6 TOASTE DIE BUNS UND BAUE DIE BUGER: Untere Bun-Hälfte, Burger, Bacon, gedünsteter Mangold, Rotweinsauce, obere Bun-Hälfte.

FAST-AND-SCHNITTLAUCHIG-BURGER

STAFFEL 5, FOLGE 6: VATER DES BOB

Ein Rinder-Feta-Burger, bestrichen mit einer Schmand-Senf-Schnittlauch-Creme. Wird garniert mit frittierten Gewürzgurkenrädern, als Reminiszenz an die Autos in *The Fast and The Furious,* kapiert? ERGIBT 4 BURGER, PLUS EXTRA SCHNITTLAUCHIGE BUNS MIT GURKENRÄDERN

- 75 g Mehl
- 2 EL Cajun-Gewürzmischung
- 1 EL Salz
- 1 kleines Glas Gewürzgurken in Scheiben (400 g)
- 1 Ei
- 75 ml Milch oder Buttermilch (optional)
- Pflanzen- oder Rapsöl zum Frittieren
- 75 g Feta, zerbröckelt
- 500 g Rinderhack
- 125 g Schmand
- 2 EL Dijon Senf
- 25 g Schnittlauch, in Röllchen geschnitten
- 4 Buns (bei großem Hunger noch einige extra)
- Zahnstocher

Gurken zubereiten

1 Mische in einer großen Schüssel das Mehl mit der Cajun-Gewürzmischung und dem Salz.

2 Rühre das Ei in einer kleinen Schüssel schaumig. Drücke die Gurkenscheiben aus, tunke sie in das Ei und wälze sie in der Mehlmischung, bis sie ganz bedeckt sind. Wenn das Mehl nicht gut oder nur ungleichmäßig haftet, kannst du etwas Milch oder Buttermilch in die Eimasse rühren.

3 Gib so viel Öl in einen großen Topf, dass es 5 bis 7 cm hoch steht, und erhitze es bei mittlerer bis starker Hitze auf 190 °C. Gib die Gurkenscheiben schubweise ins Öl und frittiere sie, bis sie goldbraun sind. Hebe sie mit einem Schaumlöffel heraus und lass sie auf Küchenpapier abtropfen.

Burger zubereiten

1 Mische die Feta-Bröckel vorsichtig unter das Fleisch. Forme aus der Masse 4 Pattys und würze beide Seiten nur leicht mit Salz und Pfeffer.

2 Brate die Pattys wie immer.

3 Verrühre den Schmand, den Senf und die Schnittlauchröllchen und bestreiche die oberen Bun-Hälften großzügig mit dieser Creme.

4 BURGER BAUEN: Untere Bun-Hälfte, Burger, obere Bun-Hälfte mit Schmand-Senf-Creme. Spieße 4 frittierte Gurkenscheiben mit Zahnstochern seitlich an die untere Bun-Hälfte, als wären es Autoräder. Du hast die Folge doch gesehen, oder? Extra-Buns ergeben vegetarische Creme-Sandwiches auf Rädern zum Sattessen. Mach beim Servieren der Burger Autogeräusche. Wrumm, wrumm. Zwischendurch auch mal miep, miep.

BLUE-VELVET-BURGER

STAFFEL 5, FOLGE 9: EASY RIDER 2

Der hier bietet das großartige Aroma scharfer Chicken Wings, aber in Form eines Burgers. Ein mit Chicken-Wing-Sauce gewürzter Patty aus Rinderhack, Blauschimmelkäse und Staudensellerie im Sesam-Bun mit zwei Saucen: einer cremigen Blauschimmelkäse-Sauce und noch mehr Chicken-Wing-Sauce. Wenn du es extrascharf magst, gibst du zur letzteren noch Cayennepfeffer hinzu. ERGIBT 4 BURGER

- 150 ml Frank's Red Hot Sauce (oder eine scharfe rote Sauce deiner Wahl)
- 125 g Butter (aufteilen)
- 2 EL Tafelessig
- ¼–1 TL Cayennepfeffer
- ½ Zwiebel, fein gehackt
- 2 EL Mehl
- 250 ml Milch
- 150 g Blauschimmelkäse, zerbröckelt
- 3 Stangen Staudensellerie, fein gehackt
- 500 g Rinderhack
- 4 Sesam-Buns
- grüne Salatblätter

Chicken-Wing-Sauce zubereiten

1 Mische in einem kleinen Topf bei mittlerer Hitze die scharfe rote Sauce mit 100 g der Butter und rühre, bis die Butter vollständig geschmolzen ist. Nimm den Topf vom Herd und lass den Inhalt abkühlen. Die Sauce ist dann cool genug, wenn sie dich nicht mehr beachtet und ihr eigenes Ding macht.

Blauschimmelkäsesauce zubereiten

1 Bring die restliche Butter bei mittlerer Hitze in einem Topf zum Schmelzen. Dünste darin die Zwiebeln, bis sie weich sind. Gib das Mehl hinzu und rühre kräftig. Gib langsam und unter ständigem Rühren die Milch hinzu.

2 Mische den Blauschimmelkäse unter und rühre so lange, bis er sich vollständig aufgelöst hat.

Burger zubereiten

1 Vermische den gehackten Staudensellerie und 125 ml Chicken-Wing-Sauce mit dem Fleisch und forme daraus vorsichtig 4 Pattys.

2 Brate die Burger wie immer, aber sei beim Wenden besonders vorsichtig.

3 BURGER BAUEN: Untere Bun-Hälfte, Salat, Burger, Käsesauce, restliche Chicken-Wing-Sauce, obere Bun-Hälfte. Mit dieser doppelten Saucenladung fällst du auf. Die Leute werden sagen: „Diese Sauce ist ja der Wahnsinn. Was für eine ist das?" Das ist dein Moment. Du sagst: „Das ist nicht eine Sauce. Das sind *zwei*." Schweigen. Koste das Schweigen aus. Es ist alles gesagt.

OBERE
BUN-HÄLFTE
SÜSSE SAUCE
APFELSCHEIBEN
KARAMELLISIERTE
ZWIEBELN
BURGER
UNTERE
BUN-HÄLFTE

GARTEN-EDEN-(ÖDEN)-BURGER

STAFFEL 5, FOLGE 10: IM GARTEN VON BOB UND LOUISE

Dieser Burger wird mit karamellisierten Zwiebeln, grünen Apfel-Scheiben (Cr-Apple) und einer Sauce aus Ahornsirup, Ingwer, Zimt und Joghurt zubereitet. Erinnerst du dich noch, was wir über Obst und Burger gesagt haben? Das war kein Scherz. Ein grüner Apfel, in hauchdünne Scheiben geschnitten und vorsichtig erhitzt, harmoniert auch gut mit Grillkäse. Du kannst noch vieles anderes ausprobieren, aber übertreib es nicht, sonst giltst du als der eine verrückte Koch, du weißt schon, der überall Äpfel drauflegt, und keiner nimmt dich mehr ernst. ERGIBT 4 BURGER

- 250 g Joghurt
- 1 TL Zimt
- ¼ TL Ingwerpulver
- ¼ TL gemahlene Muskatnuss
- 1 EL Ahornsirup
- 1 EL Butter
- 1 Gemüsezwiebel, halbiert und in Scheiben geschnitten
- 1 grüner Apfel
- 500 g Rinderhack
- Salz und Pfeffer
- 4 Buns

1 Mische den Joghurt in einer kleinen Schüssel mit dem Zimt, dem Ingwer, der Muskatnuss, dem Ahornsirup und einer Prise Salz. Wenn das erledigt ist, ruh dich erst mal aus.

2 Bring die Butter in einer großen Pfanne auf mittlerer bis schwacher Hitze zum Schmelzen. Regle die Temperatur herunter und dünste die Zwiebeln unter gelegentlichem Rühren, bis sie nach 20 bis 30 Minuten sehr weich sind und eine kräftige, goldbraune Farbe haben.

3 Steche das Kerngehäuse aus dem Apfel. Schneide ihn in dünne Scheiben. Du brauchst 2 Scheiben pro Burger.

4 Forme 4 Pattys und würze beide Seiten mit Salz und Pfeffer. Brate sie wie gewöhnlich. Neben den Pattys, auf dem Grill oder in der Pfanne, wärmst du die Apfelscheiben 4 bis 5 Minuten lang an und wendest sie dabei einmal.

5 BURGER BAUEN: Untere Bun-Hälfte, Burger, karamellisierte Zwiebeln, Apfel-Scheiben, viel Sauce, obere Bun-Hälfte. Ein Sündenfall für Genießer.

PARMA-PARMA-PARMA-CHAMÄLEON-BURGER

STAFFEL 4, FOLGE 20: DER JUBEL-KÖNIG

Ein köstliches Rinder-Patty mit einem Topping aus frischem Basilikum, einer süßen Heidelbeer-Marinara-Sauce und Parmesan. Für die Beilage werden Zucchini und Sommerkürbis mit Parmesan überbacken. Heidelbeersaft findet man in den meisten großen Supermärkten oder schicken Gourmet-Läden. Wenn nicht, seufze theatralisch und sage mit ersterbender Stimme: „Und Sie wollen ein großer Supermarkt oder schicker Gourmet-Laden sein?!" ERGIBT 4 BURGER, PLUS JEDE MENGE KÜRBIS

- 75 g Zwiebeln, gehackt
- 1 EL Olivenöl
- 125 ml Heidelbeersaft
- 1 große Dose Tomaten in Stücken (800 g)
- 50 g Tomatenmark
- Salz und Pfeffer
- Pflanzen- oder Rapsöl zum Frittieren
- 125 g Mehl
- 2 TL getrockneter Oregano
- 1 TL getrockneter Thymian
- 2–3 Eier
- 75 g Panko-Paniermehl
- 125 g Parmesan, gerieben (aufteilen)
- 1 große Zucchini, in Scheiben geschnitten
- 1 großer Kürbis, in Scheiben geschnitten
- 2 TL Knoblauch, gehackt
- 500 g Rinderhack
- 4 Buns
- 40 g frische Basilikumblätter

1 Dünste die Zwiebeln bei mittlerer Hitze mit 1 EL Olivenöl in einer Pfanne, bis sie glasig werden. Gib den Heidelbeersaft, die Tomaten und das Tomatenmark hinzu. Gut umrühren und einen Deckel auflegen. Die Hitze reduzieren und 20 Minuten köcheln lassen. Mit Salz und Pfeffer abschmecken.

2 Gib so viel Pflanzenöl in einen großen Topf, dass es 7 bis 10 cm hoch steht. Bring das Öl zum Kochen und stelle eine große, eine kleine und eine mittelgroße Schüssel bereit. In der großen Schüssel mische das Mehl mit dem Oregano und dem Thymian. Rühre die Eier in der kleinen Schüssel schaumig. In der mittleren Schüssel vermischst du das Paniermehl

mit 100 g des Parmesans. Wende die Zucchini und den Kürbis im Mehl, bis sie von allen Seiten bedeckt sind. Tauche die Scheiben einzeln ins Ei und wälze sie dann in dem Panko-Parmesan-Mix.

3 Frittiere die Zucchini- und Kürbisscheiben in kleinen Portionen, bis sie goldbraun sind. Hebe sie mit einem Schaumlöffel aus dem Öl und lass sie auf Küchenpapier abtropfen. Salze sie.

4 Mische den Knoblauch unter das Hack. Forme 4 Pattys und würze sie großzügig mit Salz und Pfeffer. Brate deine Burger wie immer.

5 BURGER BAUEN: Untere Bun-Hälfte, Burger, Basilikum, eine gute Portion der Heidelbeer-Tomaten-Sauce, etwas Parmesan, obere Bun-Hälfte. Dazu reichst du die Zucchini- und Kürbis-Chips. Bedenke, was auch immer da gerade in deiner Küche vor sich gegangen ist, das warst nicht du beim Zubereiten langweiliger Burger. Es gibt keine langweiligen Burger mit Heidelbeersauce, das ist eine mathematische Tatsache.

FRANKENSTEIN-CAJUN-IOR-BURGER

STAFFEL 3, FOLGE 16: TOPSY

Ein Rinder-Wurstbrät-Burger mit Shrimp-Gumbo, Reis und Grünkohl und serviert mit einer Langusten-Beilage. Ja, Languste! Eine Languste im Panzer sieht auch aus wie aus vielen Teilen zusammengeflickt ERGIBT 4 BURGER, LANGUSTE ALS BEILAGE UND JEDE MENGE GUMBO

- 30 g Old Bay Gewürzmischung (online erhältlich)
- 2 EL Tafelessig
- 500 g Languste
- 1 Würfel Bouillon, Typ Shrimp
- 500 g Garnelen, geschält
- Pflanzenöl
- 125 g Zwiebeln, gehackt
- 75 g Staudensellerie, gehackt
- 75 g Okra, in Scheiben geschnitten (gut ½ cm dick)
- 125 g grüne Paprika, gewürfelt
- 60 g Mehl
- 2 Lorbeerblätter
- 20 g Cajun-Gewürzmischung
- 400 g weißer Reis
- 350 g sehr mageres Rinderhack (aus der Lende)
- 100 g grobes Wurstbrät (Schärfegrad nach Belieben)
- 1 Bund Blattkohl, die Strünke entfernt und die Blätter gehackt
- Olivenöl
- 2 Knoblauchzehen, fein gehackt
- 4 Buns
- scharfe Sauce, zum Beispiel Tabasco

Languste zubereiten

1 Bring in einem mittleren Topf 400 ml Wasser zum Kochen und gib die Old Bay Gewürzmischung und den Essig hinzu.

2 Die Languste unter fließendem Wasser säubern und 15 Minuten kochen, bis sie knallrot ist. Vom Herd nehmen und zugedeckt weitere 15 Minuten ruhen lassen, dann abgießen.

Shrimp-Gumbo und Reis zubereiten

1 Verrühre in einem Topf den Bouillonwürfel mit 400 ml Wasser zu einer Shrimp-Brühe. Koche die Shrimps etwa 15 Minuten darin. Fange die Brühe beim Abgießen auf.

2 Erhitze ein wenig Pflanzenöl bei mittlerer Hitze in einer großen Bratpfanne. Dünste die Zwiebeln, den Sellerie, die Okra und die Paprika darin, bis die Zwiebeln anfangen, glasig zu werden. Stell die Pfanne zur Seite.

3 Verrühre in einem Topf bei mittlerer bis schwacher Hitze 120 ml Pflanzenöl und das Mehl. Wir machen eine Mehlschwitze! Du musst ununterbrochen rühren, damit sie nicht anbrennt. Die hellgelbe Mehlschwitze wird allmählich eine nussbraune Farbe annehmen und köstliche Röstaromen freisetzen. Lass sie nicht schwarz werden, sonst musst du noch einmal von vorne anfangen. Und dann gerätst du ins Schwitzen, nicht das Mehl. Nicht gut.

4 Gib das gebratene Gemüse, die Shrimp-Brühe, die Lorbeerblätter und die Cajun-Gewürzmischung in die Mehlschwitze und rühre sie glatt. Reduziere die Hitze und lasse alles 20 Minuten köcheln. Wärme die gekochten Shrimps darin auf und stell die fertige Shrimp-Gumbo zur Seite.

5 Parallel bereitest du den Reis gemäß der Packungsanweisungen zu.

Burger zubereiten

1 Heize den Ofen auf 190 °C vor.

2 Vermenge etwa 1 Tasse gekochten Reis mit 1 Tasse Gumbo, bis die Masse eine dicke Konsistenz hat. Das wird die Füllung für deine Burger.

3 Vermische das Rinderhack und das Wurstbrät mit der Cajun-Gewürzmischung. Forme 8 dünne Pattys.

4 Lege ein Patty auf ein Backblech. Gib ein paar Löffel Reis-Gumbo darauf, lege ein zweites Patty darüber und drücke die Ränder ringsum zusammen, um sie zu versiegeln. Wenn du alle 4 Burger so zusammengesetzt hast, salze und pfeffere sie leicht.

5 Brate die Burger 20 Minuten im Ofen. Wenden ist nicht nötig.

6 In der Zwischenzeit dünste den Kohl mit dem Knoblauch in ein wenig Olivenöl.

7 BURGER BAUEN: Untere Bun-Hälfte, Kohl, Burger, ein Spritzer scharfe Sauce, obere Bun-Hälfte. Als Beilage gibt es den restlichen Kohl und Languste. Moment mal, magst du eigentlich Shrimp-Gumbo? Wir haben völlig vergessen zu fragen. Du magst es? Ein Glück.

SCHMETTERLINGE-IM-LAUCH-BURGER

STAFFEL 4, EPSISODE 4: MY BIG FAT GREEK BOB

Ein Lamm-Burger mit Feta-Knoblauch-Füllung, geschmortem Lauch und einem Klacks Kartoffel-Lauch-Senf. Dazu wird eine Kartoffel-Lauch-Suppe gereicht. Ganz schön viel Lauch für viele erlauchte Gäste? Von denen vielleicht einige sogar aussehen wie ein Lauch? Sag jetzt bloß nichts Falsches. Außer du glaubst, es ist das Richtige. ERGIBT 6 BURGER UND 6 TASSEN SUPPE

- 2 EL Butter
- 4 große Stangen Lauch, geputzt, die weißen und zartgrünen Teile in Scheiben geschnitten
- 1 l Gemüsebrühe
- 3 große Kartoffeln, geschält und klein geschnitten
- 1 TL schwarzer Pfeffer
- 2 TL frischer Thymian, gehackt (Übrigens: Gene schreibt ein Sci-Fi-Musical über einen Typ, der herausfindet, dass er durch die Zeit reisen kann, wenn er Thymian hackt. Der Arbeitstitel lautet „Time Chopper"; das klingt genau wie Thyme Chopper, Thymianhacker.)
- 250 ml Schlagsahne
- 200 g Feta, zerbröckelt
- 6 Knoblauchzehen, fein gehackt
- 1 kg Lammhack
- 100 g Dijon-Senf
- 1 großer Bund Senfblätter, entstielt und in Streifen geschnitten
- 6 Buns

Zubereitung der Kartoffel-Lauch-Suppe

1 Bring die Butter in einem mittleren oder großen Topf zum Schmelzen. Wirf den Lauch hinein und dünste ihn auf mittlerer Hitze weich. Gib die Gemüsebrühe hinzu und bring sie zum Kochen. Dann füge die Kartoffeln hinzu und lass sie bei schwacher Hitze köcheln.

2 Wenn die Kartoffeln weich genug sind, dass du sie mit einer Gabel leicht durchstechen kannst, gieße den Lauch und die Kartoffeln ab. Gib sie vorsichtig in einen Standmixer, wenn nötig in mehreren Schüben, und püriere sie.

3 Gib die pürierte Suppe in eine Schüssel und rühre den schwarzen Pfeffer, den Thymian und die Sahne unter. Stell deine Kartoffel-Lauch-Suppe beiseite.

Lamm-Burger zubereiten

1 Mische den Feta und den Knoblauch unter das Lammhack und forme 6 Pattys. Würze sie beidseitig mit Salz und Pfeffer und brate sie wie gewohnt. Vorsicht beim Wenden!

2 Vermische 200 ml Suppe und 100 g Senf zu einer dicken Sauce.

3 Dünste die Senfblätterstreifen mit 2 EL Wasser in einer Pfanne an.

4 BURGER BAUEN: Untere Bun-Hälfte, Burger, Senfblätter, Kartoffel-Lauch-Senf, obere Bun-Hälfte. Reiche dazu eine Tasse Suppe. Es sei denn, du willst die Suppe irgendwo in deinem Haus verstecken und deine Gäste müssen sie suchen. Dann viel Spaß!

GIRLS-JUST-WANNA-HAVE-FENCHEL-BURGER

STAFFEL 2, FOLGE 7: UNFEINER FEINSCHMECKER

Ein Rinder-Lamm-Burger, gefüllt mit grünem Apfel und überhäuft mit aromatischem Fenchel-Stangensellerie-Slaw in Minze-Mayonnaise-Dressing. ERGIBT 4 BURGER

- 25 ml Zitronensaft
- 1 große Fenchelknolle
- 4 Selleriestangen
- ¼ Kopf Grünkohl
- 250 ml Mayonnaise
- 60 g Zucker
- 60 ml Apfelessig
- 20 g frische Minze, gehackt
- 1 EL frischer Dill, gehackt
- 350 g Rinderhack
- 150 g Lammhack
- ½ grüner Apfel, entkernt und fein gewürfelt
- 4 Buns

1 Gib 1 l sehr kaltes Wasser in eine große Schüssel und füge den Zitronensaft hinzu.

2 Entferne die grünen Triebe vom Fenchel und halbiere die weiße Knolle. Entferne den Strunk und raspele den Fenchel auf der groben Reibe. Schneide die Selleriestangen in gut ½ cm breite Scheiben. Gib den Fenchel und den Sellerie in die Schüssel mit dem Zitronenwasser; so bleiben sie frisch.

3 Raspele nun den Grünkohl auf der Reibe (hebe aber vier große Blätter auf, um den Burger darauf anzurichten) und gib auch ihn in das Zitronenwasser.

4 Vermische in einer großen Schüssel die Mayonnaise, den Zucker, den Essig, die Minze und den Dill.

5 Gieße Kohl, Sellerie und Fenchel ab und mische sie gründlich unter das Mayonnaise-Dressing. Stelle die Schüssel im Kühlschrank kalt.

6 Vermische behutsam das Rinderhack mit dem Lamm und mische die Apfelwürfel unter. Forme 4 Pattys und würze sie beidseitig mit Salz und Pfeffer. Brate sie wie üblich.

7 BURGER BAUEN: Untere Bun-Hälfte, Kohlblatt, Burger, Fenchel-Sellerie-Slaw, obere Bun-Hälfte. Endlich mal etwas mit Fenchel darin, und dann auch noch ein Burger.

FISCHERS-FRITZ-FISCHT-FRISCHE-FISCHE-BURGER

STAFFEL 1, FOLGE 12: BOBSTERFEST

Ein Burger aus Lachs, Petersilie, Staudensellerie und Dill mit einer Havarti-Haube. Bring einem Mann bei, einen Fisch-Burger zu braten, und du machst ihn und drei seiner Freunde ein Leben lang satt (ein Leben lang = für eine Mahlzeit). ERGIBT 4 BURGER

- 350 g Lachsfilet ohne Haut
- 5 EL Butter (aufteilen)
- 2 EL Schnittlauch, gehackt
- 75 g Mayonnaise
- ½ TL Knoblauchpulver
- 1 EL Petersilie, fein gehackt
- 2 TL frischer Dill, gehackt
- 100 g Semmelbrösel
- 4 Scheiben Havarti
- 4 Scones, aufgeschnitten wie Brötchen
- grüne Salatblätter
- 1 kleine weiße Zwiebel, in Scheiben geschnitten

1 Heize den Ofen auf 175 °C vor. Wickle den Lachs mit 1 EL Butter in Alufolie und backe ihn etwa 10 Minuten im Ofen. Lasse das gebackene Lachsfilet auf Raumtemperatur abkühlen und rupfe es mit einer Gabel in kleine Fetzen.

2 Vermische den Lachs mit dem Schnittlauch, der Mayonnaise, dem Knoblauchpulver, der Petersilie und dem Dill und mische dann die Semmelbrösel unter. Jetzt sollte sich die Masse gut formen lassen. Falls nicht, nimm noch mehr Semmelbrösel.

3 Forme vorsichtig 4 Pattys.

4 Erwärme die restliche Butter bei mittlerer bis starker Hitze in der Pfanne. Brate die Lachs-Pattys auf jeder Seite 3 bis 4 Minuten. Wende sie nicht zu früh, sonst zerfallen sie. Wir braten nur die äußere Schicht, damit die Patty-Form erhalten bleibt. Bring je eine Scheibe Havarti-Käse auf den Pattys zum Schmelzen.

5 BURGER BAUEN: Untere Scone-Hälfte, Salat, Lachs-Cheeseburger, Zwiebelscheiben, obere Scone-Hälfte. Jetzt bloß keine lachse Haltung beim Verzehr dieser Burger annehmen – das geht daneben.

DETEKTIV-ROQUEFORT-ANRUF-GENÜGT-BURGER

STAFFEL 3, FOLGE 5: DIE THANKSGIVING-FAMILIE

Frohes Thanksgiving! Dieser Burger aus Putenfleisch und Zwiebeln wird in einer Cranberry-Sauce geschmort und mit Süßkartoffel-Pommes serviert. Putenfleisch ist sehr mager, also wende deine Pattys nicht zu früh, sonst gehen sie kaputt. So wie eine Promi-Ehe oder die Wirtschaft, wenn wir endlich alle kapieren, dass Geld nur in unserer Vorstellung existiert. ERGIBT 4 BURGER PLUS JEDE MENGE SÜSSKARTOFFEL-POMMES

- Süßkartoffel-Pommes (siehe Seite 9)
- 200 g Zucker
- 1 Packung frische Cranberrys
- 1 Zwiebel, gehackt
- 50 g grüner Apfel, fein gewürfelt
- 1 Ei
- 500 g Putenhack
- 4 Cranberry-Walnuss-Buns (oder vergleichbare)
- Kopfsalat
- 100 g Roquefort-Käse, zerbröckelt

1 Bereite deine Süßkartoffel-Pommes nach der Anleitung auf Seite 9 zu, würze sie und halte sie warm.

2 Rühre bei mittlerer Hitze in einem mittleren Topf den Zucker in 250 ml Wasser ein. Rühre weiter, bis der Zucker sich komplett aufgelöst hat. Gib die Cranberrys hinzu und bring sie zum Kochen. Dann lass die Cranberrys köcheln, bis alle aufgeplatzt sind und etwas von der Flüssigkeit verdampft ist.

3 Hänge ein Sieb über eine Schüssel und gieße die Cranberrys ab. Lass Cranberrys im Sieb. Hebe die Flüssigkeit auf. Hebe überhaupt alles auf, was zu Boden fällt. Wir wissen, in der Küche fällt einem so manches runter, aber das heißt nicht, dass es dort liegen bleiben kann. Gib die Flüssigkeit wieder in den Topf, bring sie zum Köcheln und lass sie bei mittlerer Hitze auf knapp 75 ml einkochen.

4 Mische die Zwiebeln, den Apfel und das Ei unter das Putenhack und forme 4 Pattys. Würze sie beidseitig mit Salz und Pfeffer und brate sie. Kurz bevor sie durchgebraten sind, gib die Cranberry-Sauce darüber. Lass die Pattys bis zum Servieren darin schmoren.

5 BURGER BAUEN: Untere Bun-Hälfte, Salat, geschmorter Burger, Cranberrys, zerkrümelter Roquefort, obere Bun-Hälfte. Als Beilage gibt es die Süßkartoffel-Pommes.

SUCCO-UND-TASH-BURGER

STAFFEL 2, FOLGE 9: BIGFOOT

Ein Veggie-Burger aus Limabohnen, Mais und Okraschoten mit einer kräftigen Sriracha-Mayonnaise. Damit kannst du all diese vegetarischen Freunde beeindrucken, die sich immer für sonst was halten. ERGIBT 4 BURGER

150 g Limabohnen, tiefgekühlt und aufgetaut
50 g Okraschoten, in Scheiben geschnitten
50 g rote Paprika, fein gewürfelt
100 g Mais aus der Dose
2 TL scharfe Sauce, zum Beispiel Tabasco
1 Ei, verquirlt
100 g Panko-Paniermehl
200 g Mayonnaise
60 ml Sriracha-Sauce
4 Buns
grüne Salatblätter
1 Salatgurke, in Scheiben geschnitten
1 große Tomate, in Scheiben geschnitten

1 Gib die Limabohnen und die Okraschoten in einen Standmixer und zerkleinere sie, bis sie fein gehackt, aber noch stückig sind. Schütte alles in eine große Schüssel.

2 Gib die Paprika, den Mais, die Tabasco-Sauce, das Ei und das Paniermehl hinzu und hebe alles gründlich unter. Die Mischung sollte feucht, aber nicht nass sein. Falls nötig, gib noch etwas Paniermehl dazu.

3 Forme 4 Pattys und grille sie wie Burger aus Fleisch. Wenn es draußen zu kalt ist zum Grillen, kannst du die Pattys auch bei 175 °C in 30 Minuten im Ofen braten.

4 Rühre die Mayonnaise mit der Sriracha-Sauce glatt. Schmecke das Dressing ab und füge noch mehr Sriracha hinzu, wenn du es gerne besonders scharf magst.

5 BURGER BAUEN: Untere Bun-Hälfte, Salat, Veggie-Burger, Sriracha-Mayonnaise, Gurkenscheiben, Tomatenscheiben, obere Bun-Hälfte. Bist du überrascht, dass du gerade selbst einen Veggie-Burger zubereitet hast und er dir auch noch schmeckt und dass du von nun an vielleicht gesünder essen und dich mehr bewegen und dir Zeit für Sport und Gartenarbeit nehmen willst? Mach dir nichts draus. Früher oder später überkommt uns das alle einmal.

RAUMSCHIFF-ERBSEN-PREIS-BURGER

STAFFEL 1, FOLGE 3: DIE HEILIGE KUH

Noch ein Veggie-Burger? Jetzt wird's langsam schräg, aber okay. Zu Ehren von Muhlissa wird dieser rinderfreie Burger aus Kuhbohnen, grünen Erbsen und Pilzen zubereitet und bekommt ein Topping aus dem klassischen Trio Salat, Zwiebeln und Tomaten. ERGIBT 4 BURGER

- 250 g Kuhbohnen aus der Dose, abgegossen und abgespült
- 100 g Erbsen aus der Dose
- 1 Zwiebel, gewürfelt
- Butter
- 100 g junge Champignon, fein gehackt
- 1 Ei
- ¼ TL Zwiebelpulver
- 2 TL scharfe Sauce (nach Belieben)
- 75 g Panko-Paniermehl
- 4 Buns
- grüne Salatblätter
- 1 große Tomate, in Scheiben geschnitten
- 1 Zwiebel, in Scheiben geschnitten

1 Häcksele die Bohnen und Erbsen in der Küchenmaschine, aber püriere sie nicht. Gib alles in eine Schüssel.

2 Lass die Zwiebeln in ein wenig Butter glasig werden. Sobald sie ein wenig abgekühlt sind, kommen die Bohnen und Erbsen hinzu, die Pilze, das Ei, das Zwiebelpulver und die scharfen Sauce. Mit Salz und Pfeffer abschmecken und verrühren, dann so viel Paniermehl hinzugeben, bis die Mischung sich formen lässt, aber noch feucht ist. Bei Bedarf gibst du mehr Panko hinzu.

3 Forme 4 Pattys und lass sie mindestens 10 Minuten ruhen, bevor du sie brätst; in dieser Zeit kann das Paniermehl die Flüssigkeit aufsaugen. Grill die Pattys wie einen normalen Rinder-Burger oder brate sie bei 175 °C etwa 30 Minuten im Ofen.

4 BURGER BAUEN: Untere Bun-Hälfte, Salat, Burger, Tomate, Zwiebel, obere Bun-Hälfte. Tu sonst noch drauf, was auch immer du willst – Ketchup, Senf, Mayonnaise, Gurken-Relish. Gönne deinem Herzen eine Fleischpause, gib den Rindern einen Tag frei, und dann heißt es morgen wieder: Rindfleisch!

AUBERGINEN-ZUM-FRÜHSTÜCK-BURGER

STAFFEL 2, FOLGE 9: BIGFOOT

Eine schöne dicke Auberginenscheibe mit gebratenen Kichererbsen und minzig-frischem Tsatsiki! ERGIBT MINDESTENS 4 „BURGER"

1 große Aubergine, in Scheiben geschnitten (1 cm dick)
Salz
1 kleine Dose Kichererbsen (400 g), abgegossen und abgespült
1 EL Olivenöl
1 TL Salz
1 EL Paprikapulver
1 TL gemahlener Kreuzkümmel
½ Salatgurke
150 g Naturjoghurt
2 TL Zitronensaft, frisch gepresst
2 TL frischer Dill, gehackt
1 TL frische Minze, gehackt
4 Buns
Rucola

1 Salze die Auberginenscheiben großzügig auf einem Backblech oder in einem über eine Schüssel gehängten Sieb. Lass sie 15 Minuten ziehen, um die Flüssigkeit rauszuziehen, dann wende sie und wiederhole das Ganze. Gieß die Flüssigkeit ab und spüle das Salz von den Auberginen, bevor du weitermachst.

2 Brate die Kichererbsen mit dem Salz, dem Paprikapulver und dem Kreuzkümmel in dem Olivenöl an, bis sie eine leicht braune Färbung annehmen.

3 Für das Tsatsiki schälst und halbierst du die Salatgurke und kratzt die Kerne heraus. Schneide die Gurke in feine Würfel. Verrühre 3 gehäufte EL der Gurke in einer kleinen Schüssel mit dem Joghurt, dem Zitronensaft, dem Dill und der Minze. Falls die Sauce zu dickflüssig ist, gib 1 bis 2 TL Wasser hinzu.

4 Grille, brate oder backe die Auberginenscheiben im Ofen, bis sie beginnen, braun zu werden.

5 BURGER BAUEN: Untere Bun-Hälfte, Rucola, Aubergine, eine Ladung Kichererbsen, ein Klacks Tsatsiki, obere Bun-Hälfte.

OBERE
BUN-HÄLFTE
TSATSIKI
KICHERERBSEN
AUBERGINEN-
SCHEIBE
RUCOLA
UNTERE
BUN-HÄLFTE

DANKSAGUNGEN

Eine Serie zu produzieren ist harte Arbeit. Ein Buch zu schreiben ist sogar noch härter, wie sich herausstellte. Beides gleichzeitig zu tun ist absoluter Wahnsinn. Unten stehen die Namen der Leute, die – wohl wissend, wie verrückt die Idee war – sich darauf eingelassen und dazu beigetragen haben, dass es trotzdem klappte.

Größtmöglicher Dank gilt zunächst **Cole Bowden, Janelle Momary-Neely** und **Carly Berezin Hartogsohn**. Cole hat in seiner Küche gearbeitet, Janelle und Carly in ihren Büros hier bei *Bob's Burgers*. Sie alle drei haben sich total reingehängt, damit dieses Buch fertig wurde, und das zusätzlich zu ihren *eigentlichen* Jobs. (Die sie auch noch gut machten.) Janelle hat Berge versetzt, damit dieses Buch nicht nur irgendwie herauskam, sondern sein ganzes Potenzial dabei ausgeschöpft wurde. Jeder Mensch auf diesem Planeten sollte eine Janelle haben, die ihm hilft, seine Ziele zu erreichen.

Carly und Jono Jarrett, unser furchtloser Lektor bei Rizzoli, hielten nicht nur ein Auge auf die Termine und Abläufe, sondern entwarfen und formten auch die Inhalte. Wörter, Abbildungen, Layout – Carly und Jono haben Hand an jeden Quadratmillimeter des Buchs gelegt, innen wie außen. Eine reife Leistung, was die Koordination der rechten und linken Gehirnhälfte betrifft. Jono wollen wir nicht nur dafür danken, dass er uns seine Talente zur Verfügung stellte, sondern auch für seine Geduld. Wir bei *Bob's Burgers* sind ein nettes Volk, aber wir hatten null Erfahrung im Bücher Schreiben, als wir loslegten. Das fand er sicher lustig.

Julie Fisher Haro, Mike Olsen, Pete Truss und **Rachel Hastings** haben Carly hier bei *Bob's* unterstützt, und wir wollen auch ihnen an dieser Stelle danken.

Wir danken unseren kulinarischen Beratern **Paul O'Connell** und **Aliza Miner**, die die erst-, zweit- und drittbesten Sandwiches zubereiteten, die ich je gegessen habe. Wir wussten, dass sie eine große Rolle spielen würden, aber wir wussten nicht, *was* für eine große. Sie halfen dabei, Coles Vision zu verfeinern, ohne ihre zugrunde liegende Cole-ness zu schmälern.

Ein Riesendank gilt unseren Künstlern in der ersten Reihe: **Anthony Aguinaldo** und **Hector Reynoso**. Anthony entwarf all diese zerlegten Burger, die du wahrscheinlich gerne als Poster hättest, und arbeitete an den Figuren und ihrer Farbgebung. Hector entwarf die meisten Figuren und die abgebildeten Zutaten. Und auch diese beiden taten das alles, während sie an einer Fernsehserie arbeiteten, die *ebenfalls* ihre ganze Aufmerksamkeit und Zeit beanspruchte. Wir danken auch **Bernard Derriman** und **Tony Gennaro** für ihre Sketche, Designs und Anmerkungen, für ihren künstlerischen Rat und überhaupt für ihre tolle Einstellung.

Noch weitere großartige Künstler haben an diesem Buch mitgewirkt: **Maggie Harbaugh, Damon Wong, Frank Forte, Ira Sherak, Daniel Lim, Anthony Imperato, Derek Schroeder, Young Chan Jeon, Kyung Shin, Ken Laramay** – wir danken euch.

Wir möchten auch den Autoren von *Bob's Burgers* danken, die sich im Schnitt zehntausend Burger des Tages ausdenken für jeden Burger, der es nachher auf die Tafel schafft. Sie brachten ihren Stil ein, ihre Gags und ihre witzigen Anmerkungen zu den Gags: **Nora Smith, Wendy** und **Lizzie Molyneux, Dan Fybel, Jim Dauterive, Holly Schlesinger, Greg Thompson, Steven Davis, Kelvin Yu, Jon Schroeder** und **Scott Jacobson. Rich Rinaldi, Mike Olsen, Mike Benner** und **Kit Boss** sowie der Burger- und Laden-Namensgeber **Justin** Hook steuerten allesamt Ideen für Burger (und für Geschäfte) bei. Wir danken ihnen herzlichst.

Und wir danken unseren Familien. Holly, ich verspreche dir hoch und heilig: Nie wieder Kochbücher. (Es sei denn, dieses hier verkauft sich wirklich gut.)